KB249764

누가—행전의
얼개를 읽다

누가—행전의
얼개를 읽다

반재광 지음

예수 승천 내러티브의
서사적 독해를 중심으로

서문

　누가-행전 연구는 신약학 중에서도 다양한 실험들이 모색되는 역동적인 분야이다. 방법론적 전환, 주제별 접근, 배경에 대한 새로운 모색, 특정 본문에 대한 독창적 해석 등이 시도되고 있다. 그중에서도 두 권으로 된 이 작품의 얼개를 파악하는 일은 누가-행전 연구의 중요 과제이다. 단편적인 모티브/주제 중심의 분석은 다양하게 이루어졌고, 현재도 다각도의 접근이 시도되고 있다. 그러나 그 작품을 하나의 전체(as a whole)로서 조망할 틀에 대한 궁구는 좀 더 보완이 필요한 상황이다. 본서는 그런 연구 상황에 대한 반성으로부터 출발하여 누가-행전의 예수 승천 내러티브를 중심으로 누가-행전의 얼개를 검토해보려는 것이다.

　누가-행전을 읽는 다양한 안목들이 있다. 역사적 비평 방법(Historical-critical method) 중심의 연구들과 최근의 문학비평적(Literary critical) 접근의 공통되는 한계는 두 방법론의 적절한 접촉점을 이끌어내지 못한다는 데 있는 것처럼 보인다. 이런 접축점을 우리는 사회과학적 접근에 대한 적절한 활용에서 발견하게 된다.[1] 그런 까닭에 신약성서 연구자들은 문학비평과 사회과학적 관점의 상호보완적 연구에 눈을 돌리고 있다.[2]

승천 모티브에 접근하기 위해서 우리는 당대 사회 세계를 반영하고 있는 누가-행전 내러티브 속에서 그 모티브가 어떤 기능을 수행하고 있는가를 밝히고 그를 중심으로 누가-행전의 구조를 분석해야 함을 주장할 것이다. 다시 말해 본서는 '예수의 승천' 맥락을 중심으로 특징적인 얼개에 대한 새로운 분석을 시도함으로써 누가-행전의 신학적 구조와 내용을 새롭게 이해할 토대를 제안하려는 시도이다. 특별히 본서가 이와 같은 얼개 분석에 집중하는 이유는 무엇보다 누가-행전을 중심으로 성경적 효의 핵심 인물이자, 복음의 중심을 보여 주는 예수 읽기의

---

1) 특히 최근의 고대 지중해 세계(그리스-로마 세계)에 대한 인류학적 연구들을 참조할 수 있다. 주요 문헌들은 1장의 방법론 부분에서 소개될 것이다.

2) Jack Dean Kingsbury, ed., *Gospel Interpretation: Narrative-Critical & Social-Scientific Approaches* (Harrisburg, Pennsylvania: Trinity Press International, 1997) 참조. 그리스-로마세계의 배경에서 신약성서를 읽는 국내 학자의 글로는 윤철원, 『신약성서의 그레꼬-로마적 읽기』(서울: 한들, 2000)를 참조.

틀을 마련하려는 데 있다. 다시 말해, '효자 예수'의 생애와 사상을 재구성할 기본 얼개를 정리하려는 것이다. 이를 위해 누가-행전에 나타난 예수와 공동체 이야기의 서사구조 속에서 승천 모티브의 기능과 중요성을 밝히도록 할 것이다.

이상의 목적을 달성하기 위해 우리는 다음의 범위와 절차에 의해 연구를 수행해 나갈 것이다. 1장은 연구의 전체적인 방향과 기존의 연구 동향 및 그에 대한 평가를 제시하고, 연구 절차에 대해 논의하도록 할 것이다. 2장은 누가-행전의 승천 개념을 상호텍스트적 읽기를 통해 검토할 것이다. 주로 의미론적 문장, 동기 분석과 사회적 맥락에 대한 접근이 수행될 것이다. 이와 같은 방법론적 보강은 기존의 역사비평적 연구에서 간과해 온 최종 단계 본문에 나타나는 승천 내러티브의 성격을 밝히는 데 필요한 관점을 형성할 수 있도록 도울 것이다. 3장에서는 누가복음에 나타난 승천 내러티브의 서사 전략들을 분석할 것이다. 주로 서사비평의 플롯 전개에서 나타나는 관점을 중심으로 누가복음 전체에서 승천 내러티브가 맺고 있는 관계와 그것의 전략들을 분석하도록 하겠다. 그러한 분석은 '계승현실'3)이라는 개념을 통해 수행될 것이다. 4장은 3장의 방법과 관점을 유지하며 승천 모티브의 서사적 확장을 다룬다. 사도행전의 승천 내러티브가 사도행전의 나머지 부분과 맺는 관계를 분석하여 구체적인 서사 전략들과 지향점들을 밝히도록 할 것이다. 여기서는 계승현실에 상응하는 '계승실현'4)의 개념을 중심으로 텍스트 분석이 시도될 것이다. 마지막으로 5장은 이상의 연구 결과를 종합적으로 요약하고 본서가 지향한 방법론적 접근의 의의와 승천 내러티브를 통해 본 누가-행전의 얼개를 제안하도록 할 것이다.

---

3) 본서에서 사용되는 '계승현실'과 '계승실현'이라는 용어들은 설명이 필요하다. 이 두 용어는 승천을 누가-행전 내러티브 전체와의 관련성 속에서 분석하기 위해 새롭게 제안하는 신학적 조어(造語)이기 때문이다. '계승현실'이란 누가 공동체가 예수를 모델로 삼아 예수 따름(following Jesus)을 경주하는 공동체이며, 그 신앙의 확실성(눅 1:4 참조)을 위해 예수 사역의 중심인 하나님 나라를 제자 공동체가 계승할 것으로 기대되는 요소들을 가리킨다.

4) '계승실현'은 계승현실이 내러티브 속에서 플롯 전략들을 통해 성취됨을 지시하는 용어이다. 따라서 계승현실은 누가복음의 내러티브에, 계승실현은 사도행전 내러티브 분석에서 주로 사용된다.

본서는 필자의 이전 저작인 『예수, 승천, 공동체』에 대한 새로운 종합인 동시에 필자가 현재 집중하고 있는 신약성서에 나타난 일세기 신앙 공동체 연구, 특히 신약 공동체의 신앙 형성 기제로서의 '효 프레임' 탐구의 출발점이 될 것이다. 이번 출판을 계기로 신약성서 전체에 숨 쉬고 있는 교회와 신앙의 본질에 대한 문제를 효신학적 관점을 견지해 궁리해 나갈 생각이다.

이런 작은 결과물도 많은 분들의 도움과 격려가 없었으면 가능하지 못했을 것이다. 학문적 나태를 경계하시며 항상 기도와 사랑으로 격려해주시는 은사 서용원 교수님의 '생존의 신학'은 나의 신학하기에 마르지 않는 샘물이 되고 있다. 예술적 상상력과 새로운 신학적 도전을 통해 모범을 보여주시는 한미라 교수님의 가르침 또한 내 신학의 한 지류를 형성하고 있다. 지난 미국에서의 연구 기간에 지적인 자극을 준 컬럼비아신학대학원(Columbia Theological Seminary)의 윌리엄 켐벨(William B.Campbell) 교수님, 루터 라이스 대학교(Luther Rice University)

의 플래니건(James L. Flanagan) 총장님과 임경철 교수님의 격려와 사랑을 기억하고 감사드린다. 귀국 후 어려운 시기마다 목회와 신앙의 선배이신 김효상 목사님의 가족적인 사랑과 도움은 어려운 시기를 넘기는 귀한 밑받침이 되었다.

2010년부터 성산효대학원대학교에서 효와 신학을 통합하는 즐거운 상상을 시도할 수 있도록 자리를 허락해주신 효운동의 거목 최성규 총장님께 깊은 감사를 올린다. 성산 가족이 된 지난 3년여 동안 많은 일들을 통과해야 했다. 그 고비마다 기도와 격려를 통해 보여준 성산 가족들의 예수 사랑의 모범을 언제나 기억할 것이다. 특히 토론과 교제로 효(신학)의 지평을 함께 고민해 나가고 있는 동료 교수님들의 학문적 조언과 우정에 감사드린다. 출판을 위해 수고해 주신 한국학술정보(주) 선생님들의 수고 또한 기억하고자 한다. 전체 진행을 해주신 조가연 선생님, 꼼꼼한 편집 및 교정 작업으로 수고하신 김은희 선생님, 그리고 멋진 표지를 디자인 해 주신 윤진숙 선생님의 손길에 감사의 인사를 전한다.

끝으로 글쓰기에 몰입할 때마다 나의 투정과 날카로워짐을 이해하고 보듬어주는 사랑하는 아내 김효경과 두 아들 승현, 시현(2002. 5. 22.~2012. 8. 15.)에게 사랑의 입맞춤을 보낸다. 믿음과 고난에 대해 깊은 가르침을 허락한 둘째와의 사랑으로 인해 하나님께 감사드린다.

모든 영광은 하나님께!

2012년 12월

성산효대 연구실에서

반재광

contents

약어표

AB	Anchor Bible
ABD	*Anchor Bible Dictionary*
Bib	*Biblica*
BTB	*Biblical Theology Bulletin*
CBQ	*Catholic Biblical Quarterly*
EDNT	*Exegetical Dictionary of the New Testament*
ExpTim	*Expository Times*
HTR	*Harvard Theological Review*
ICC	International Critical Commentary
Int	*Interpretation*
JBL	*Journal of Biblical Literature*
JSNT	*Journal for the Study of the New Testament*
JSNTSup	Journal for the Study of the New Testament Supplement Series
JTS	*Journal of Theological Studies*
NovT	*Novm Testamentum*
NTS	*New Testament Studies*
SBL	Society of Biblical Literature
SBLMS	Society of Biblical Literature Monograph Series
SE	*Studia Evangelica*
StBibTh	*Studies in Biblical Theology*
TDNT	*Theological Dictionary of the New Testament*
TS	*Theological Studies*
TToday	*Theology Today*
WBC	Word Biblical Commentary

PART I
누가-행전, 승천으로 읽기

Ⅰ. 왜 승천 내러티브인가?

　　본서는 누가-행전[1]에 나타난 승천 내러티브의 기능과 중요성 분석을 통해 누가-행전의 얼개를 재구성하여 예수 읽기의 틀을 정리하고자 하는 시도이다. 그 분석의 중심에 승천 내러티

---

[1] 본서는 누가-행전(Luke-Acts)이라는 용어를 통해 누가복음과 사도행전을 한 저자에 의해 저술된 통일된 이야기로 인정한다. 누가-행전의 통일성에 대한 논의는 일반적으로 캐드베리[Henry J. Cadbury, *The Making of Luke-Acts* (New York: Macmillan, 1927), 7-9]로부터 본격적으로 논의되기 시작했다. 누가-행전의 통일성을 주장하는 학자들의 근거는 다음과 같다. 첫째, 누가-행전의 서언과 당시 단일 작품이되 여러 권으로 이루어진 책들의 각 서문 기술방식과의 유사성을 근거로 통일성을 주장한다(R. Maddox). 둘째, 사도행전 서문이 누가복음을 요약하고 있다는 점과 누가복음과 사도행전에 나타나는 주요 인물들의 문학적 평행에 근거를 둔다(D. E. Auen). 셋째, 누가복음의 끝과 사도행전의 시작에 나타나는 결합(linkage)기법 등의 문학적 측면을 토대로 통일성을 주장한다(M. C. Parsons). 넷째, 누가-행전의 주요 등장인물들이 '하나님의 목적'을 이루기 위한 사역을 공통적으로 수행하고 있기 때문에 이야기 글로서의 통일성을 가지고 있다고 주장한다(Robert Tannehill). R. Maddox, *The Purpose of Luke-Acts*, 4; D. E. Auen, *The New Testament in Its Literary Environment*, Library of Early Christianity 8, ed. W. A. Meeks(Philadelphia: Westminster Press, 1987), 117, 119; M. C. Parsons, "Narrative Closure and Openness in the Plot of the Third Gospel: The Sense of an Ending in Luke 24.50-53", in *SBL 1986 Seminar Papers*, ed. Kent Harold Richards (Atlanta: Scholars Press, 1986), 219-221; Robert Tannehill, *The Narrative Unity of Luke-Acts: A Literary Interpretation*, vols. 1 (Philadelphia: Fortress Press, 1986), 2; 이러한 누가-행전의 통일성에 대한 역사적 개관은 James M. Dawsey, "The Literary Unity of Luke-Acts: Questions of Style-A Task for Literary Critics", *NTS* 35 (1989): 50-52를 참조. 누가-행전의 통일성에 대한 문제제기로는 M. C. Pasons and R. I. Pervo, *Rethinking the Unity of Luke and Acts* (Minneapolis: Fortress Press, 1993)을 볼 것.

브에 내포되어 있는 모티브들과 누가의 예수 및 공동체 이야기
가 지닌 본문상의 함의(含意)를 누가-행전에 대한 서사적 분석
을 통해 탐구할 것이다. 이를 위해 예수의 가르침 및 운명에 대
한 이야기(누가복음)와 그를 계승하는 공동체 이야기(사도행전)
사이의 상호성을 중심으로 승천 내러티브를 검토하도록 할 것
이다.[2]

승천은 누가-행전 연구에 있어서 가장 특수한 부분에 속한
다. 그러나 다양한 이유로 이에 대한 폭넓은 접근이 이루어지지
못했다. 기존의 접근들은 주로 역사비평의 지평 위에서 두 본문
의 차이점을 규명하는 데 집중되어 왔다. 앞선 승천에 대한 접
근들은 부활 내러티브의 일부분으로 한정되어 이해되었던 까닭
에[3] 텍스트상의 의미가 바르게 드러나지 못하였다.[4] 대부분의
예수 승천에 대한 연구는 승천의 의미, 기원 등을 통해 현재 본
문을 이해하려고 하였다. 누가-행전에 특별한 예수 승천 이야
기가 나온다면 그것은 무엇보다도 누가-행전의 문맥에서 그

---

2) 누가-행전의 가장 중요한 내러티브의 두 흐름을 꼽으라면 예수와 공동체에 관한 것임은 누구도 부정할
수 없을 것이다. 그렇다면 '누가는 왜 승천 이야기를 현재의 위치에서 진술하고 있는가?'라는 질문은 당
연히 이 두 흐름과의 관련 속에서 검토될 때 가장 적절한 의미를 이끌어낼 수 있다고 판단된다.

3) 이러한 흐름의 대표적 연구자로는 풀러(Fuller)를 들 수 있다. Reginald H. Fuller, *The Formation of the
Resurrection Narratives* (Philadelphia: Fortress Press, 1980). 파슨즈는 이러한 연구 경향에 대해 크
게 두 가지 문제점을 지적했다. 우선, 부활 내러티브 연구라는 맥락에서 승천 내러티브는 자체적 의미 추
구에서 고립되어 있으며(주로 부활 이후 현현의 맥락, 누가복음의 경우는 엠마오 내러티브와의 관련, 사도
행전의 경우는 누가복음의 승천 내러티브와의 차이점의 해결에 집중할 뿐이다), 또한 복음서 연구에서 두
자료설(two-documents hypothesis)을 전제함으로 인한 승천 내러티브의 경시를 지적하였다. Mikeal
C. Parsons, *The Departure of Jesus in Luke-Acts. The Ascension Narratives in Context,*
JSNTSup 21 (Sheffield: JSOT Press, 1987), 15-16.

4) Parsons, *The Departure of Jesus in Luke-Acts,* 13-14.

의미가 밝혀져야 할 것이다. 나름대로 몇몇 학자들은 이러한 점을 인식하고 있었다.

로핑크(G. Lohfink),[5] 콘첼만(H. Conzelmann),[6] 파슨즈(M. C. Parsons)[7] 계열의 연구에서 예수의 승천은 주로 '떠남'으로 이해되었다. 예수는 지금 떠나지만, 어느 날 곧 돌아올 것이다. 그 사이 주님을 따르는 사람들은 하늘을 보며 서 있으면 안 되고 오히려 '교회의 시간'을 선교를 위해 건설적으로 사용하여야 한다는 주장이다. 그러나 프랭클린(E. Franklin)은 예수의 승천은 예수가 하늘 보좌에 앉으셨고, 기도와 예배를 통해서 그분께 나아갈 수 있음을 강조하는 것이라고 주장했다.[8] 매독스(R. Maddox) 역시 사도행전의 예수는 과거의 한 인물이 아니라 살아계신 주(主)이심을 보여주고 있다는 것을 강조했다.[9]

사실 누가-행전 연구가들이 예수의 승천을 누가-행전 전체에서 담당하는 기능을 중심으로 접근하지 못한 데는 나름의 이유가 있다. 본문비평과 역사적 비평의 문제가 연구의 주축을 이루는 상황 속에서 난해하고 이차적인 것으로 의심받는 주제 혹

---

5) Gerhard Lohfink, *Die Himmelfahrt Jesu: Untersuchungen zu den Himmelfahrts und Erhöhungstexten bei Lukas* (Munich: Kösel, 1971), 150-151.

6) Hans Conzelmann, *The Theology of St Luke*, trans. Geoffrey Buswell (New York: Harper & Row, 1961), 203-204.

7) Parsons, *The Departure of Jesus in Luke-Acts*, 62, 150. 이러한 의견은 누가복음과 사도행전의 두 승천 내러티브에 대한 역사적 맥락의 분석(2, 3장)으로부터 나온 결론들이다.

8) Eric Franklin, *Christ the Lord. A Study in the Purpose and Theology of Luke-Acts* (Philadelphia: Westminster Press, 1975), 29-47.

9) Robert Maddox, *The Purpose of Luke-Acts* (Edinburgh: T. & T. Clark, 1985[2]), 139.

은 본문을 연구의 대상으로 삼는다는 것 자체가 거리낌의 원인이 될 수 있기 때문이다. 그러나 중요한 사실은 예수의 승천 이야기가 엄연히 누가-행전 텍스트 속에 나타나고 있다는 것이다. 그것도 신약성서 어느 곳의 승천 언급과도 다른 내용과 형식을 통해 그 이야기를 전해주고 있다.[10] 이상의 거리낌으로 우리에게 전해진 하나님의 말씀인 이 부분을 언제까지 침묵의 영역에 방치해둘 수는 없는 것이다.

오늘날 많은 그리스도인들이 예수의 가르침과 운명, 그리고 그의 의미에 대한 물음을 추구하고 있다. 그것은 예수에게 기반을 두고 삶을 이루어 가고자 하는 그리스도인들의 희망에서 기인한다.[11] 이 물음에 대한 답변은 매우 다양하다. 하지만 모든 답변의 주된 근거는 성서로부터 나온다. 누가-행전이 특히 예수와 그를 계승하는 공동체의 현실을 함께 전해주는 텍스트임을 부정할 수 없다. 그 계승의 중심 부분에 예수의 승천이 언급

---

10) 누가의 승천 내러티브에는 많은 가시적 구상어들이 동원되고 있다[사도행전의 특징적 설득 방식으로서 가시적 구상화에 대해서는 유상현, 『사도행전 연구』(서울: 대한기독교서회, 1996), 94-112를 참조. 사도행전의 시각적이고 회화적인 특징을 '가시적 구상화로써 말하기'라고 칭하면서 누가는 논리성보다는 "개념이나 사실을 설명조의 사화(史話) 속에 용해시켜 이야기로 풀어놓음으로써 시각적 그림을 그려내게 만든다"(95쪽)고 하는 저자의 주장은 적절한 것으로 판단된다. 승천 내러티브에 대해서는 96-97쪽을 참조]. 반면 신약성서의 다른 언급들은 대부분 암시적이며, 많은 본문들이 승천을 전제하는 언급들이다. 이에 대해서는 Joseph A. Fitzmyer, "The Ascension of Christ and Pentecost", in *To Advance the Gospel, New Testament Studies* (Grand Rapids, Michigan: Eerdmans, 1998), 265-277; 김득중, 『누가의 신학』(서울: 컨콜디아사, 1991), 255-264를 참조.

11) 라이트(N. T. Wright)는 예수를 연구하는 이유를 네 가지로 제시한다. 첫째는 하나님께 영광을 돌리고 예배하도록 우리가 창조되었기 때문이고, 둘째는 하나님과 함께 하듯 성서와 함께 해야 하므로, 예수 연구에 참여하는 것이 성서에 대한 성실(loyalty)을 표현하는 것이기 때문이다. 셋째는 그것이 진리에 대한 그리스도인의 의무이며, 넷째는 그리스도인들에게 위임된 선교 때문에 예수 연구를 해야 한다는 것이다. *The Challenge of Jesus: Rediscovering who Jesus was and is* (Downers Grove, Illinois: Intervarsity Press, 1999), 16-18.

되고 있다. 만일 승천 내러티브가 누가-행전에서 원래적인 것이라면, 그것이 누가-행전 전체에서 가지는 기능을 아는 것은 무엇보다 중요하다고 할 수 있다.

신학적으로도 자유주의와 복음주의를 표방한 각 진영의 연구자들은 '사실' 규명에 한정함으로 내러티브의 진의에 바르게 접근하지 못하였다. 전자는 역사적 비평방법을 통해, 후자는 극단적인 교리적, 문자적 수용을 통해서 그와 같은 오류를 범했다. 이 두 입장은 모두 성서에서 전설 혹은 신화적 본문들을 구별해 냄으로써 어느 한 극단으로 소외시키는 결과를 초래했다.[12] 사실 신약성서의 역사비평적 탐구가 가능하게 된 이래 연구의 방향은 바로 이러한 '사실과 역사성 그리고 객관성'이라는 범주에 의해 좌우되었다. 이러한 흐름 속에서 관심의 대상에서 밀려날 수밖에 없었던 많은 이야기들이 있다. 그것들은 종종 허구적 이야기로, 역사성이 결핍된 후대의 삽입으로 치부되고 말았다.[13] 예수 승천 내러티브는 그러한 오류의 가장 대표적인 예이다. 이것이 본서가 승천 내러티브를 연구 본문으로 선택한 중요한 이유 중의 하나이다. 인간의 삶과 역사, 그리고 신앙은 다만 사실과 객관성이라는 영역으로 제한되지 않는다. 그것은 합리적 요

---

12) Parsons, *The Departure of Jesus in Luke-Acts*, 14-18.

13) 대표적인 예들은 양식비평의 선구자들의 저술에서 발견된다. 특히 불트만(R. Bultmann)의 *Die Geschichte der synoptischen Tradition*; 허혁 역, 『공관복음전승사』 (서울: 대한기독교서회, 1985[8])와 *Theologie des Neuen Testaments*; 허혁 역, 『신약신학』 (서울: 성광문화사, 1991)을 보라. 얀센(John F. Jansen)은 승천에 관한 글에서 이러한 문제점을 일찍이 지적한 바 있다. "The Ascension, the Church, and Theology", *Today* 16 (1959): 17.

소뿐 아니라 비합리적 요소들이 함께 하는 총체성의 세계인 것이다. 성서 텍스트는 이러한 인간의 신앙과 현실을 모두 담고 있다. 따라서 우리는 이제껏 소외된 이와 같은 많은 본문들을 읽기와 신앙의 장으로 인도하여 그들에게 정당한 관심을 부여해야 한다. 우리는 신앙과 현실의 괴리감을 극복할 실마리를 이러한 초월적, 비합리적 내용을 포함한 텍스트의 통합적 읽기를 통해 발견하게 될 것이다.[14]

일반적으로 수용되는 '부활-성령강림'이라는 구조만으로는 신약성서 저자들이 암시적으로 전제한 예수의 승천과 더 명시적으로 누가가 제시한 승천 사건의 의미를 바르게 이해하지 못하는 약점을 보여준다. 즉 오늘의 신앙 공동체는 부활에 대한 신앙을 통해 우리의 구원을 담보받고자 할 뿐, 그 '믿음' 안에, 그 '믿음' 이후의 삶에서 직면케 되는 행위/변화의 문제를 간과하고 있다고 보여진다. 반면 신약 저자들, 특히 누가-행전의 메시지는 바로 이런 승천의 간과된 의미가 우리의 역사와 삶 속에서 실현되어야 함을 지속적으로 말하고 있다.[15] 필자는 이 주장을 누가-행전의 서사구조 속에서 입증하고자 한다.[16] 그 과

---

14) 이러한 관심이 신약 연구자들에게 폭넓지는 않지만 조용히 확산되고 있는 듯 보인다. 티모시 존슨(Luke Timothy Johnson)은 본 논문과 유사한 관심을 보여주고 있다. *Religious Experience in Earliest Christianity: A Missing Dimension in New Testament Studies* (Minneapolis: Fortress Press, 1998) 참조.

15) 그런 의미에서 브라운의 다음과 같은 진술은 고려할 만하다. "예수의 수난, 죽음, 부활과 승천은 인류 구원을 위해 나눌 수 없는 하나의 행위를 구성한다." R. E. Brown, *The Christology of the New Testament*; 김광식 역, 『신약성서 그리스도론 입문』 (왜관: 분도출판사, 1999), 197. 그렇다면 승천에 대한 접근은 각 사건들과 동등한 관심의 정도로 이루어져야 하지 않는가?

16) 이러한 관점을 우리는 '계승현실'(3장)과 '계승실현'(4장)이라는 용어를 통해 본문 분석에 반영하도록 할 것이다.

정에서 우리는 효자 예수 탐독을 위한 얼개 형성의 단초들을 포착하게 될 것으로 기대한다.

이를 위해 우리는 성서 읽기의 '비합리적 차원' 혹은 '합리적 차원'에 대한 편향성을 지적해야 한다.[17] 루돌프 오토는 교리적 주지주의와 도덕주의적 종교이해의 합리주의적 편향성을 비판하고 독특한 종교적 체험의 중요성을 강조하여 종교의 생명력을 새로이 발견할 것을 역설한 바 있다.[18]

> 종교는 일차적으로 오직 성스러운 것의 자기 현현(顯現)과 그것을 감지하고 느끼는 인간의 체험, 그리고 이러한 체험을 가능케 하는 인간 내면의 어떤 선험적(a priori) 요소에 근거하고 있다는 것이다. …… 종교적 체험은 결코 다른 어떤 체험으로 환원되거나 설명될 수 없는 독특한 현상이라는 것이다.

---

17) '비합리적'(irrational)과 '합리적'(rational)이라는 용어는 루돌프 오토(Rudolf Otto)로부터 차용한 것이다. 오토가 말하는 비합리적이라는 말은 '불합리'와는 구별될 필요가 있다. 오토는 이 말을 '합리적이 아니다'라는 의미로 사용하지 합리성에 반하는 불합리라는 의미로 사용하지는 않는다. 즉 "'불합리'는 논리적으로 모순된 것, 이성적으로 수긍할 수 없는 것을 뜻하는 반면에 '비합리'는 처음부터 합리성의 영역에 속하지 않으며 그럴 수도 없는 것, 따라서 합리성의 척도에 따라서 판단될 성질의 것이 아닌 어떤 것을 가리키는 말이다." 그러므로 "종교에 있어서 비합리적 요소는 그 자체로서 평가되고 보존되어야 한다. 그렇지 않으면 종교는 생명력을 상실하게 된다"는 것이다. 또한 오토는 "종교에는 명확한 개념적 이해와 언어적 표현을 초월하는 어떤 비합리적 요소가 확실히 존재한다는 사실을 전제한다"고 말한다. 그리고 그것을 '누멘적 감정'(das numinöse Gefühl)이라 부르고 있다. 이에 대한 강조를 통해 그는 종교에서 "이러한 누멘적 감정이 지니고 있는 여러 측면들을 가능한 정확하게 다각적으로 분석하여 신성(神聖) 혹은 성스러움(das Heilige), 특히 그 비합리적 측면들에 대한 우리의 이해를 심화"시키고자 노력한다. Rudolf Otto, *DAS HEILIGE* (München: C. H. Beck, 1963[35]); 길희성 옮김, 『聖스러움의 意味』(왜관: 분도출판사, 1987), 10-11.

18) Otto, *DAS HEILIGE*, 『聖스러움의 意味』, 12.

결국 그는 환원주의적 관점을 넘어서서 성스러움(the holy, the sacred)이라는 범주를 종교이해의 범주로 정립하는 데 특별한 공헌을 하였다.[19]

이상과 같은 오토의 관점은 신약성서를 연구하는 데 있어서도 적절한 지적으로 보인다. 따라서 역사적 비평방법의 한계(무엇보다도 신앙적 생명력의 상실)와 그에 대한 극복이 필요한 이 시점에서 중요한 출발점 하나를 제공받게 되는 것이다.[20] 이 관점을 수용하면 우리가 누가―행전이라는 내러티브에서 승천 이야기를 살펴보아야 할 이유가 분명해진다. 역사적 비평방법의 관점에서 이에 대한 언급은 단지 신화, 초대교회의 첨가물, 전설로서 취급되어 그 정당한 평가를 받지 못했다.[21] 그러나 오토의 지적처럼 거룩한 누멘적 요소를 간과하고서는 기독교의 생명력을 올바르게 담지해 냈다고 주장할 수 없다. 물론 오토의 그 선험적 누멘 인식의 절차를 성서해석에 전적으로 수용할 수는 없을 것이다. 왜냐하면 "의미란 개별 단어에 본래 내재하는 것이 아니라 한 체계 내부의 유사성과 차이의 관계에 의해 창조

___

19) Otto, *DAS HEILIGE*, 『聖스러움의 意味』, 13.

20) 『聖스러움의 意味』의 영어판 역자인 John W. Harvey는 2판의 영역자 서문에서 다음과 같이 오토의 공헌을 요약적으로 표현하고 있다. "그가 그리스도교 교회들 간의 교제를 다시 확립시키고 그들 안에서 모두가 진정으로 그리스도교 신앙의 의미를 이해하도록 함으로써 찢어진 그리스도교의 옷감을 다시 깁는 일에 앞장선 사람들 가운데 하나이었을 것도 의심의 여지가 없다." Otto, *DAS HEILIGE*, 『聖스러움의 意味』, 27.

21) 편집비평을 처음으로 누가―행전 연구에 도입한 콘첼만의 경우도 크게 다르지 않다. 그의 누가의 신학에서 승천은 단지 지리적, 신학적 구상을 분석하며 지나가는 정도이다. Hans Conzelmann, *The Theology of St Luke* (N.Y.: Harper & Low, 1961), 94, 203 참조.

되는 것"22)이기 때문이다. 누가-행전에서 이와 같은 누멘적 요소가 물론 승천에 한정되는 것은 아니다. 다양한 초월적 존재들의 등장, 기적 이야기들, 치유 이야기들 등 다양한 형태를 보여준다. 하지만 이 모든 요소들은 승천 문맥을 준비하고(누가복음에서), 승천문맥을 통하여(사도행전에서) 누멘적 측면들이 계승 주제를 매개로 플롯 속에서 전개되고 있다. 그 다양한 이야기들의 서사적 요소들과 문화적 지평들이 본문의 전체적 맥락에서 드러나고 창조적 융합이 일어날 수 있을 때 누가-행전의 기본적인 얼개는 그 모양새를 드러낼 것이다.

---

22) Joseph Childer and Gary Hentzi, *The Columbia Dictionary of Modern Literary and Cultural Criticism* (Columbia: Columbia University Press, 1995); 황종연 옮김, 『현대문학·문화비평 용어사전』 (서울: 문학동네, 1999), 416. 이 점을 극복하고자 우리는 텍스트의 상호텍스트적 읽기에 관심을 갖고자 하는 것이다. 이하에서는 *CDMLCC*로 언급.

Ⅱ. 기존의 연구 살펴보기

누가-행전의 승천 내러티브와 관련해서 다양한 질문들이 제기
되었다. 그러한 질문들은 대부분 두 승천 내러티브(눅 24:50-53;
행 1:9-11)의 불일치에서 나오게 된 것들이다: 부활과 승천 사이
의 날짜의 차이, 승천 장소, 제자들에 대한 축복, 승천 이후 제자
들의 행적, "두 사람"에 대한 언급 등이 있다. 그와 같은 문제들을
규명하기 위해 다양한 접근들이 있었다.

승천 주제에 대한 영어권 최초의 비판적 연구자인 데이비스(J.
G. Davies)는 주로 사상과 신조의 근거로서 승천 문제에 접근하
였다.[23] 주로 조직신학적 분석을 중심으로 하는데, 그의 연구는

---

23) 현대 승천 연구의 기원은 스트라우쓰(D. F. Strauß)와 하르낙(A. Harnack)으로 거슬러 올라간다. 이들의
   기본적인 관점은 승천 내러티브가 초대교회의 발전 과정의 산물이라는 데 있다. 이들은 승천을 신화로 보
   는 역사가의 입장에 서 있었다. D. F. Strauß, *Das Leben Jesu kritisch bearbeitet* 2 (Tübingen: J. C.
   B. Mohr/Paul Siebeck, 1835-1836; 1840[4]), 242-262; A. Harnack, *Die Apostelgeschichte*
   (Leipzig: J. C. Hinrichs, 1908). 이들 이후에 데이비스 이전까지 주요한 연구들은 다음과 같다. E.
   Meyer, *Ursprung und Anfänge des Christentums* 1 (Stuttgart: J. G. Cotta, 1921), 34-46; W.

신약의 증거들, 신조, 교부들의 언급을 다룬다. 역사적 고찰은 유용하다. 또한 처음으로 승천(행 1장)과 눅 9장과의 병행들을 지적하였다.[24] 그러나 그의 연구는 서신자료와 설화자료 사이의 차이점을 인식하는 데 실패하고 있다.[25] 즉 서신은 그리스도의 높여지심(Christ's exaltation)을 묘사하고, 설화자료는 승천 사건 그 자체를 다룬다는 차이점을 보이고 있다. 역사적 검토에서는 이러한 차이점을 인식하지 못함으로써 각각의 의미를 바르게 해명하지 못하였다.

승천 내러티브에 대한 편집비평적 분석을 통해 스템부르트 (Stempvoort)는 눅 24장이 제자들과 예수의 내적 관계를 나타내는 것으로 본다.[26] 예수는 마지막으로 제자들을 축복하는 제사장의 모습으로 제자들에게 나타나며, 제자들은 예수를 예배한다. 또 그는 눅 24장을 승천에 대한 송영적 해석으로, 행 1장을 교회론적 역사적 해석으로 구분한다. 즉 교회의 역사가 복음서의 뒤를 이어 전개된다는 것이다.[27] 그래서 예수는 누가복음에

Michaelis, "Zur Überlieferung der Himmelfahrtsgeschichte", *ThBl* 4 (1925): 101–109 등을 들 수 있다. 일반적으로 데이비스 이전에는 주로 독일어권의 학자들이 대부분을 이룬다. 그런 의미에서 데이비스의 연구가 나름대로의 의의를 지닌다고 볼 수 있다. 이들에 대한 유용한 분석은 A. W. Zwiep, *The Ascension of the Messiah in Lukan Christology* (Leiden: Brill, 1997), 1–6을 참조.

24) J. G. Davies, "The Prefigurement of the Ascension in the Third Gospel", *JTS* 6 (1955): 229–230.

25) J. G. Davies, *He Ascended Into Heaven: A Study in the History of Doctrine* (London: Lutterworth, 1958), 14.

26) 물론 우리는 누가–행전의 편집비평적 연구를 집대성한 콘첼만과 사도행전 연구에서 헨헨을 이 범주에 포함해야 한다. H. Conzelmann, *The Theology of St Luke*; E. Haenchen, *Die Apostelgeschichte* (Göttingen: Vandenhoeck & Ruprecht, 1977).

27) P. A. van Stempvoort, "The Interpretation of the Assension in Luke and Acts", *NTS* 5 (1958–1959): 30–37.

서 마지막으로 제자들을 축복하는 제사장의 형태로 제자들에게 나타나고 있고, 제자들은 예수에게 예배를 드린다. 그리고 누가복음에서 '예배'와 '찬송'이 교회의 내적 모습이지만 이 내적 집단은 세상 속으로 나가도록 되어 있다. 세상을 향한 교회의 역사가 복음서의 뒤를 이어야 한다. 교회 사역의 시작을 사도행전의 승천 이야기가 열어주고 있다고 주장한다.[28]

유사하게 플렌더(H. Flender)는 새로운 시작과 다시 오실 천상의 주님이라는 관점에서 승천 이야기를 분석했다. 그는 두 기사의 차이점을 규명하고자 노력했다. 그는 눅 24장과 행 1장의 차이를 다음과 같이 분석한다. 눅 24장의 승천 설화는 고별장면이다. 이제 가시적으로 예수를 볼 수 없음을 의미한다. 이런 떠남이 슬픈 것은 아니고, 제자들은 크게 기뻐하며 돌아오는 것으로 묘사된다. 그래서 그들은 "찬양" 가운데 예수와 접촉할 수 있게 되는 것이다. 동시에 눅 24:49에서 약속된 대로 새로운 시작이 있을 것이란 확신을 나타내기도 한다. 누가복음 24장이 예수가 지상 생활로부터 하늘의 생활로 옮겨가는 것을 인간적인 각도에서 보고 있다면, 사도행전에서는 위로부터 천상 주님의 관점에서 보고 있다.[29] 행 1장의 묘사는 눅 24장과 달리 "하늘"이라는 단어가 사용된다. 이것은 9, 10, 11절에서 4번 사용된다. 승

---

28) P. A. van Stempvoort, "The Interpretation of the Assension in Luke and Acts", 39.

29) Helmut Flender, *St. Luke: Theologian of Redemptive History* (Philadelphia: Fortress Press, 1967), 11-12.

천 사건을 해석해주고 있는 "흰옷을 입은" 두 사람은 "종말론적" 상황을 가리키고 있다. 예수의 재림과도 관련됨이 분명하다. 곧 예수는 하늘의 주님이라는 것이다. 그리고 예수의 승천을 부재의 기간에 앞서서 일어나는 승천으로서 부정적으로 이해되어야 하는 것이 아니라, 예수의 현재적 통치의 시작으로서 긍정적으로 이해되어야 한다고 주장한다.[30]

전승과 누가 자료의 지층을 가장 철저하게 분석한 학자는 로핑크(G. Lofink)이다. 그에게 승천은 예수 시대와 교회 시대의 분기점이다. 그를 통해 로핑크는 승천 내러티브가 누가의 독특한 전승임을 주장한다.[31] 눅 24장과 행 1장의 독특성과 더불어 그는 누가가 천사들과 그 밖의 천상적 인물들이 떠나는 것을 일관되게 보도함을 지적한다.[32] 따라서 누가는 단순히 부활하신 예수의 마지막 말씀으로 끝내기보다는 부활하신 예수의 떠나심을 자세하게 기술하지 않을 수 없었다는 것이다. 이러한 특징적 보도는 결국 누가가 누가복음의 승천 내러티브는 예수의 시대(the time of Jesus)로, 사도행전의 내러티브는 교회의 시대(the time of Church)로 구분하고 있다는 것이다.[33]

한편 타이슨(J. B. Tyson)은 누가복음과 사도행전의 승천 시기

---

30) Flender, *St. Luke: Theologian of Redemptive History*, 12.

31) G. Lohfink, *Die Himmelfahrt Jesu: Untersuchungen zu den Himmelfahrts und Erhöhungstexten bei Lukas* (Munich: Kösel, 1971), 187-193.

32) 눅 1:38; 2:15; 9:33; 행 10:7; 12:10; 참조 눅 24:31. Lohfink, *Die Himmelfahrt Jesu*, 240.

33) 이러한 관점에서 승천을 연구한 가장 최근의 저서로는 Zwiep의 연구를 들 수 있다. A. W. Zwiep, *The Ascension of the Messiah in Lukan Christology* (Leiden: Brill, 1997), 145-193.

와 장소의 조화를 시도했다. 따라서 그는 두 승천 이야기 간의 장소와 시기에 대하여 서로의 모순을 제거하려고 한다.[34] 타이슨은 먼저 눅 24:51의 '하늘로 올리우시니'(καὶ ἀνεφέρετο εἰς τὸν οὐρανόν)가 어떤 사본에는 나오지 않음을 지적하면서 눅 24:51은 예수의 승천을 가리키는 것이 아니라 예수가 제자들로부터 잠정적으로 떠나는 것을 가리킬 뿐이라고 한다.[35] 그리고 눅 19:29에 보면 "감람원이라는 산의 벳바게와 베다니에 가까이 왔을 때에 제자 중 둘을 보내시며"에서 베다니는 벳바게와 함께 감람산에 위치한 것으로 언급되고 있다. 그래서 누가복음에 기록된 "베다니"와 사도행전에 기록된 "감람산"의 다름에 대하여 누가가 베다니와 감람산을 분명히 다른 장소로 생각했는지가 확실하지 않다고 말한다. 그리고 누가복음 24:50의 '베다니 앞까지'(ἕως πρὸς Βηθανίαν)에서 사용된 헬라어 전치사 프로스(πρὸς)는 "베다니 부근"으로 감람산을 생각하게 한다는 것이다. 승천의 시기에 있어서도 눅 24:50-53은 행 1장의 40일에 대한 기사와 일치하지 않으나, 눅 24:50의 "예수께서 저희를 데리고 베다니 앞까지 나가사"를 누가복음 24장의 기록된 다른 사건들과 같은 날에 있었던 것으로 생각하고 있으나 반드시 부활 당일에 있었다고 볼 필요는 없다고 주장한다.[36]

---

34) J. B. Tyson, *The Death of Jesus in Luke-Acts* (South Carolina: University of South Carolina Press, 1986), 92-95.

35) ℵ D it [sy] geo Aug; Synopsis; Diglot 등에는 생략되어 있다. Tyson, *The Death of Jesus in Luke-Acts*, 92-95.

그러나 타이슨은 시기와 장소에 대하여 누가복음의 승천과 사도행전의 승천을 그럴듯하게 조화시키려고 노력하였으나, 그것은 누가의 의도를 넘어서는 것이다. 왜냐하면 눅 24:51을 삭제하기에는 그 본문상의 증거가 약할 뿐만 아니라[37] 행 1:2의 "그의 택하신 사도들에게 성령으로 명하시고 승천하신 날까지의 일을 기록하였노라"에서 예수의 올리움을 포함하여 누가복음에 서술된 내용을 분명히 되풀이하고 있기 때문이다. 누가가 아무런 이유도 없이 같은 사건을 반복, 그것도 서로 다르게 기록할 리가 없기 때문이다. 그가 단순히 두 권의 책을 연결시키고자 했다면 그는 행 1:1-2에 "데오빌로여 내가 먼저 쓴 글에는 무릇 예수의 행하시며 가르치시기를 시작하심부터 그의 택하신 사도들에게 성령으로 명하시고 승천하신 날까지의 일을 기록하였노라"의 말만으로도 충분했을 것이다. 따라서 이 모순들은 제거되어야 할 것들이 아니라 서사적 관점에서 새로이 고려되어야 할 필요가 있다.

이상의 접근들과는 달리 탈버트(C. H. Talbert)는 문학적, 문화적 배경 연구를 통해 승천에 접근했다. 그는 누가복음의 마지막과 사도행전의 시작의 유사함을 누가의 문학적 패턴으로 생각한다.[38] 그는 누가의 기독론을 탐구함에 있어서 예수에 대한

---

36) Tyson, *The Death of Jesus in Luke-Acts*, 92-95.

37) I. H. Mashall, 『누가복음』(2) (서울: 한국신학연구소, 1992), 750.

38) C. H. Talbert, *Literary Patterns, Theological Themes and the Genre of Luke-Acts* (Missoula, Montana: Scholars Press, 1974), 59-61. 탈버트는 누가가 의도적으로 자신의 문학적 패턴을 사용

누가의 묘사를 그리스-로마 세계의 배경, 특히 헬라 철학자들의 전기와의 유사성에 초점을 맞추었다.[39] 누가가 고대 지중해 세계의 불멸의 신화[40]에 예수의 이미지를 연결시켰다는 것이다.[41] 대부분 "죽지 않는 자들"은 남신이나 여신이 인간과의 결합을 통해 출생하였으며, 원래는 죽음을 면할 수 없는 존재였으나 죽지 않는 존재가 되기 위해서 그들의 생애의 어떤 순간에 변화를 겪게 된다. 대개 이러한 변화는 눈으로 볼 수 있는 하늘로의 승천을 포함하고 있으며, 이것은 그 영웅의 친구들이나 제자들이 그다음에 출현함으로써 확증된다. 이것은 누가가 헬라 문화권에 있는 독자들을 염두에 두고 기록하였기 때문에 이 이미지가 예수를 이해하는 데 좋은 모델을 제공했다고 여긴다.[42] 이때 전기는 승천에서 마지막 생을 마감한다. 물론 유대교의 신관을 존중하는 누가의 저작들과 그리스와 로마의 이교적 작품들 사이에는 차이점들이 많다. 그럼에도 불구하고 탈버트는 불멸의 이미지가 누가의 예수를 이해하는 데 가장 좋은 모델이라고 생각한다. 누가복음의 승천 이야기는 예수의 부활-현현을

했다고 한다. 눅 24:33-52과 행 1:3-12 사이의 병행은 (1) 눅 24:33-34, 36과 행 1:3; 사도들에게 나타내심. (2) 눅 24:36-43과 행 1:3; 많은 확실한 증거를 보이심. (3) 눅 24:49과 행 1:4; 예루살렘을 떠나지 말고 약속을 기다리라 함. (4) 눅 24:47-48과 행 1:8b; 나의 증인이 될 것이다. (5) 눅 24:51-52과 행 1:9, 12; 승천하심과 예루살렘으로 돌아감. 그리고 탈버트는 눅 9장과 행 1장에서도 이러한 병행을 찾는다(61-2).

39) Talbert, *Literary Patterns*, 59-61.

40) Heracles, Dionysos, Romulus 등.

41) C. H. Talbert, "The Concept of Immortals in Mediterranean Antiquity", *JBL* 94 (1975): 419-36.

42) Talbert, "The Concept of Immortals", 419-436.

종결짓는 사건일 뿐만 아니라 누가복음을 종결시킨다. 눅 9:51 의 "예수께서 승천하실 기약이 차가매 예루살렘을 향하여 올라 가기로 굳게 결심하시고"부터 모든 것은 승천에로 향하고,[43] 눅 24:50–53에서 종결하며, 사도행전에서는 승천 이야기에서 모든 것이 파생된다고 본다.[44]

파슨즈(M. Parsons)는 누가가 승천 설화를 통해 '시작'과 '끝' 에 대한 전통적 문학적 장치를 사용하는 방식을 치밀하게 분석 하였다.[45] 누가복음 승천 설화의 분석을 통해 그는 성전의 변화 된 모습을 누가가 강조하며, 또 제자들의 이미지를 주님의 부재 에도 불구하고 하나님을 찬미하고 기쁨으로 예수의 명령에 순 종했다는 점을 부각시키고 있다고 주장한다.[46] 그는 계속해서 사도행전의 승천 설화를 탐구하여 행 1장의 승천 설화가 한 저 작의 종결이기보다는 시작이라는 목적에 기여함을 발견하였다. 이를 위해 그는 두 저작 사이의 불일치들을 일종의 문학적 기능 들로 설명한다.[47] 즉 한 기사는 복음서를 마무리하고, 다른 기 사는 사도행전의 이야기를 시작하는 기능을 한다는 것이다.[48]

---

43) 누가는 누가복음서 중간에 예루살렘으로 가는 예수의 길을 제시하면서 하나의 여행형식을 제시하고 있 다. Donald A. Miesner, "The Missionary Journeys Narrative: Pattern and Implications", in *Perspectives on Luke–Acts*, ed. Charles H. Talbert (Edinburgh: T. & T. Clark, 1978), 199–214. 특히 200쪽의 눅 9:51–19:48의 교차대칭구조를 참조. 그는 이러한 구조가 사도행전의 바울 여행 내 러티브에도 나타나는 것으로 분석한다(203–209쪽을 볼 것).

44) Talbert, *Literary Patterns*, 112.

45) M. Parsons, *The Departure of Jesus in Luke–Acts*, JSNTSup 21 (Sheffield: JSOT Press, 1987).

46) Parsons, *The Departure of Jesus in Luke–Acts*, 111–113.

47) Parsons, *The Departure of Jesus in Luke–Acts*, 180–186.

48) M. C. Parsons, "Narrative Closure and Openness in the Plot of the Third Gospel", 219–221.

다시 말해서, 누가가 그의 복음서 끝에서 하고 있는 설명은 앞에서 언급했던 요소들을 상기시키고 또한 주요 이야기의 경향을 분석함으로써 이 저작을 끝내고 있다고 한다. 예수의 제사장적 축복의 언급(눅 1:23), 제자들의 예루살렘 귀환(눅 2:45), 그리고 성전에서 하나님의 계속적인 축복(참조. 눅 2:37) 등 모든 것은 누가복음 앞부분에 있는 여러 상황들을 암시하고 있다는 것이다. 누가복음 24장을 승천 이야기로 끝내는 것은 그의 저작이 극적인 결론으로 읽혀지도록 의도했기 때문이라고 한다. 그리고 누가가 그의 독자들에게 감명을 주려고 한 마지막 이미지는 제자들의 이미지인데, 주님이 계시지 않음에도 불구하고 제자들은 하나님을 찬미하고 기쁨으로 예수의 명령을 순종했다는 것이다.[49] 또한 사도행전의 승천은 시작의 문학적 기능을 수행한다고 주장한다. 결국 다른 책에서 마무리되는 동일한 사건으로 한 책을 시작하는 문학적 효과는 이 두 작품을 결합시키며 또한 각 책의 내용의 독특성보다는 연속성을 강조한다고 보았다.[50]

적절한 방법론적 적용과 분석에도 불구하고 파슨스의 연구는 크게 두 가지 면에서 한계점을 노출하고 있다. 첫째, 통시적-공시적 방법을 함께 사용하면서 논문의 구조를 교차 배치함으로 문학비평의 장점인 전체적 조망의 흐름을 차단시키고 있다.[51] 둘째, 문학비평의 적용을 통해 담론의 분석에까지 나아가

---

49) Parsons, *The Departure of Jesus in Luke-Acts*, 71-111.
50) Parsons, *The Departure of Jesus in Luke-Acts*, 153-185.

지 못하고 승천 내러티브의 기능(끝과 시작)분석에 머무르고 있
다. 그러므로 우리는 이런 두 내러티브 사이의 불일치를 단순히
문학적 기능으로 한정하기보다는 누가 공동체의 신앙투쟁 속에
서 당대의 계승현실을 보여주고자 한 일종의 '틈'(gap)의 제공으
로 볼 필요가 있다. 이런 이유에서 누가 공동체의 사회적 맥락
에 대한 검토가 중요한 과제로 부각된다.

이상의 연구들을 보면 크게 세 흐름을 형성하고 있음을 볼 수
있다. 교리적 접근(J. G. Davis 등), 역사적 접근(누가복음과 사
도행전 승천 이야기의 불일치 규명에 치중: Flender, Lofink 등),
역사 문학적 접근(Parsons) 등이다. 교리적 접근은 서신자료와
설화자료 사이의 차이점을 인식하는 데 실패하고 있다. 즉 서신/
내러티브의 구분을 인식하지 못하였으며, 변증적 내용이 주를
이룬다. 이에 비해 역사적 접근은 승천의 역사성에 초점을 맞추
었다. 그러나 교리적 접근과 유사한 문제점을 보였다. 이들의
관심은 그 내러티브가 발전시킨 특별한 강조점과 맥락보다는
문헌자료와 사건 그 자체에 대한 역사적 설명을 시도하는 데 집
중하였다. 이들은 '어떻게 그 사건이 일어났는가?'에 집착했다.
그런 까닭에 '어떻게 그 설화가 기능하는가?'라는 더 큰 질문이
시도되지 못했다. 그 결과 지난 세대의 학자들뿐 아니라 많은
현대의 학자들 역시 이러한 범주를 넘어서지 못하고 있다.

---

51) 즉 2장은 통시적 분석, 3장은 공시적 분석, 4장은 통시적 분석, 5장은 공시적 분석으로 연구를 수행하
고 있다.

결국 역사적 질문에 집중함으로 발생하는 선입견과 그 구절들의 문학적 맥락에 대한 경시는 누가-행전에 나타나는 예수와 제자들의 이야기를 이해하는 데 있어서 그 문단의 중요성을 왜곡하기 쉽게 만들고 있다. 문학적 접근은 역사적 접근의 한계를 넘어서서 본문 자체의 맥락에 초점을 맞추는 성과를 보였다. 하지만 더 근본적인 문제를 극복하지 못하고 있다. 즉 '왜, 그것이 진술되고 있는가?'라는 질문에 매여, '무엇이, 어떻게 전개되고 있는가?' 그리고 전체 맥락의 관점에서 그것은 '무엇을 말하고자 하는가?'라는 질문으로 나아가지 못하고 있다. 이렇듯 기존의 연구들은 예수의 승천을 이차적인 삽입으로, '떠남'으로(이것은 주로 누가-행전의 가교의 역할을 한다고 이해된다), 혹은 차이점의 규명과 그 조화에로 침잠하거나, 전승사적 비교에 집중하고 있다.

요약하면, 현재까지 승천 내러티브에 대한 연구가 역사비평적 한계에 머물러 있고, 전체적 맥락과의 상호성을 인식하지 못하는 상황임을 알 수 있다. 이 이론들은 부활 내러티브, 그리고 기독론적 연구 속의 일부로 승천 이야기를 취급하는 경향을 보여준다. 결국 누가-행전 연구가들은 승천이 마지막이면서 동시에 시작임을 증명하고자 노력하였지만, 문제는 왜 그러한가에 대한 답변을 제시하지 못했다는 데 있다. 그러므로 본서는 승천 내러티브를 누가-행전 전체의 맥락적 상호성을 검토하여 그 의미와 기능을 분석하는 데 중점을 두도록 할 것이다. 이와 같은 분석을 통해 우리는 누가-행전의 상호적 맥락을 승천을 중심으로 정돈하고, 나아가 효자 예수의 생애와 사상을 탐구할 기본 얼개를 확보하게 될 것이다.

Ⅲ. 어떻게 읽을 것인가?

    누가-행전에 대한 금세기의 도전들 중 가장 주목되는 것은 문학적 관점으로 이 문서를 읽으려는 움직임일 것이다. 이에 따라 누가-행전에 대한 연구는 누가의 신학적 입장을 전체적으로 살피는 해석의 문제를 가져왔다. 누가 신학의 중심이 되는 관점을 찾고자 지속적인 노력들이 전개되었는데, 각각의 입장들은 독특한 해석 방법과 관점들을 통해 더 구체적으로 누가의 신학에 접근해갈 접촉점을 제공해주었다.[52]

---

52) F. Bovon, *Luke the Theologian: Thirty-Three Years of Research(1950-1983)*, trans. Ken McKinney (Pennsylvania: Pickwick Publications, 1987) 참조. 최근의 누가-행전에 대한 주요 방법론적 접근들은 크게 두 범주로 나누어 살펴볼 수 있다.

    첫째, 배경사와 저자 중심의 접근을 들 수 있다. 양식비평의 괄목할 만한 삶의 자리와 전승에 대한 탐구에 이어서 제2차 세계대전 이후 발전된 '편집비평'(Redaction Criticism)은 복음서 연구에 한 획을 그었다. 누가-행전 연구에 '편집비평'을 사용해 전환점을 이룬 학자는 한스 콘첼만(Hans Conzelmann)이었다[*Die Mitte der Zeit*, 영역본: *The Theology of St. Luke* (New York: Harper & Row, 1961)]. 그는 누가를 최초의 교회사가로 보았다. 그러나 복음서는 특별한 목적을 갖고 있기 때문에 정확한 역사적 사실을 전달하고 있지 않다고 보았으며, 복음서의 목적을 '구원사'(Salvation History)로 제안했다. 콘첼만 이후 편집비평은 누가복음은 물론이고 모든 공관복음서 연구의 주된 방법론으로 자리를 굳혔다.

기존의 역사비평적 방법은 텍스트 배후의 세계를 통해 해석의 준거 틀을 재구성하고, 그것을 통해 다시 성서 본문을 분석한 결과 '의도의 오류(intentional fallacy)',[53] '텍스트 내부 세계에 대한 경시',[54] 그리고 '환원주의'[55]로 흘렀다는 비판을 받고 있다. 즉 그 방법은 주로 텍스트 배후의 역사와 실제 저자의 의도를 중심으로 전개된다고 볼 수 있다.

사실 양식비평이 주류를 이루던 시절에는 복음서 연구는 전체 문맥이나 저자의 의도가 종종 무시되었다. 신약성서의 특정 부분을 이미 설정된 양식에 따라 구분한 후 이 양식이 배경으로 하고 있는 '삶의 자리' 및 이의 '전승연구'에만 몰두하였다. 그러나 편집비평의 등장으로 연구의 관심이 저자의 신학과 저술 목적으로 옮겨졌다. 특히 다른 공관 복음서들과의 '비교'를 통해 누가복음의 독특성을 찾으려 노력하였다. 그러나 편집비평을 통해 발견된 누가의 독특성은 누가-행전 전체의 이해라는 지평으로 확장되지는 못했다.

둘째로는 본문 및 독자 중심의 접근이다. 편집비평의 발전은 문학비평(New Literary Criticism)의 태동에 밑거름이 되었다. 포웰(M. A. Powell)은 역사적 비평방법과 문학비평의 관계를 연속과 단절을 함축하고 있는 모호한 것으로 이해한다. 즉 논리적으로는 역사적 비평방법의 한계를 넘어서고자 역사적 비평방법을 구사하는 학자들에 의해 그 필요성이 제기되었던 까닭에 연속적이라 할 수 있지만, 세속적 비평방법을 수용하여 역사적 비평방법의 역사에 대한 관심(통시성)을 의도적으로 무시하는 까닭에 단절적이라고 할 수 있다는 것이다. Mark A. Powell, *What is Narrative Criticism?*; 이종록 옮김, 『서사비평이란 무엇인가?』(서울: 한국장로교출판사, 1993), 145-170 참조. 편집비평 학자들은 누가복음의 '공간 배경'과 '시간 배경'이 상징이라고 주장한 반면, 문학비평 학자들은 이를 '서사적 틀'(Narrative Frame)로 이해한다. 따라서 다른 공관복음서와의 비교 없이도 누가 자체의 문학적 특성, 성향, 구조, 기법을 통해서 누가의 저작 의도는 충분히 파악될 수 있다고 믿는다. 누가의 '틀'은 비록 마가에서 왔지만, 누가 자신의 의도를 위해 재구성되어 역사적 사실에 크게 구애받지 않는 '서사적 틀'로 바뀌었다고 본다. 문학비평의 이와 같은 시각은 역사적 비평방법의 한계를 어느 정도 넘어서고 있다. 그러나 기존의 주제 중심적 연구들과 마찬가지로 개별적이고 제한적인 동기와 관점들을 견지함으로써 누가-행전의 얼개를 바르게 파악하지 못하고 있다. 포웰은 그의 서사비평 연구서에서 다음과 같은 서사비평에 대한 반대 주장들을 정리하고 있다. (1) "서사비평은 실제로는 상이한 자료들의 수집물인 복음서를 일관성 있는 이야기로 다룬다"(155). (2) "서사비평은 현대문학 연구에서 도출된 개념들을 고대의 문학에 적용한다"(157). (3) "서사비평은 복음서를 소설연구에 사용되는 방법으로 해석하려 한다"(158). (4) "서사비평은 텍스트의 분석에 대한 객관적인 기준을 결여하고 있다"(160). (5) "서사비평은 복음서의 역사적인 증거를 거부하거나 무시한다"(162). 그러나 이러한 비평들은 주로 역사적 비평방법이 복음서를 장르(복음서라는)라는 관점에서 봄으로써 부각되는 지적들이다. 그러나 서사비평은 복음서의 패턴, 형식(내러티브)을 중시한다.

53) 의도의 오류는 문학작품을 읽으면서 저자의 의도라고 가정된 것에 호소하는 비평의 태도를 의미한다. Childers and Hentzi, *CDMLCC*, 243.

54) W. Randolph Tate, *Biblical Interpretation: An Integrated Approach* (Peabody, Massachusetts: Hendrickson, 1991), xvii.

55) 웨인 A. 믹스, *The First Urban Christian: The Social World of the Apostle Paul*; 황화자 옮김, 『바울의 목회와 도시사회』(서울: 대한예수교장로회총회출판국, 1992), 18-19. 이에 대한 반론(즉 신학적 환원주의에 대한)으로는 19-25 참조.

이러한 문제를 극복하고자 지난 수십 년간 성서학자들은 새로운 비평방법을 모색하는 데 골몰해왔다. 그 결과 성서학에서 새로운 조류를 이룬 분야가 문학비평이라고 할 것이다. 여기서 말하는 문학비평은 물론 성서학에서 일반적으로 이해되는 본문, 문법 분석을 중심으로 하는 고전적 형태를 말하는 것이 아니다. 최근에 언급되는 문학비평이란 세속적 문학이론 및 비평에서 수용한 관점과 방법을 통해 성서 본문을 해석하는 것을 가리킨다. 따라서 최근 문학비평방법을 통해 성서를 연구하는 학자들은 이러한 차별성을 부각시키고자 '신문학비평'(New Literary Criticism)이라는 명칭을 사용한다.[56]

문학비평의 장점 중 하나는 복음서 내의 모든 이야기나 가르침, 그리고 사건의 중요성을 공시적으로 이해한다는 점이다. 편집비평에서처럼 문학비평에서도 저자의 의도가 강조되지만 전자가 비교를 통해 얻는 독특성을 중시한다면, 후자는 복음서 전체를 하나의 통일성 있는 문학작품으로 보고 이를 포괄할 수 있는 '주제'를 저

---

56) E. S. Malbon and E. V. McKnight, ed., *The New Literary Criticism and the New Testament*, JSNTSup 109 (Sheffield: Sheffild Academic Press, 1994). 이와 비교해 통합적 성서해석에 대한 견해로는 W. Randolph Tate, *Biblical Interpretation: An Integrated Approach* (Peabody, Massachusetts: Hendrickson, 1991)를 볼 것. Tate는 성서 해석의 차원을 셋으로 나누어 접근한다. 텍스트 배후의 세계(The World Behind the Text), 텍스트 속의 세계(The World Within the Text), 그리고 텍스트 앞의 세계(The World in Front of the Text). 이러한 문학비평의 방법들은 다양한 수용 양상을 보여주고 있다. Tate는 성서비평방법을 그 지향성에 따라 다음과 같이 분류한다. (1) 저자중심해석(Author-Centered Interpretation): 자료비평, 양식비평, 편집비평, 정경비평. (2) 본문중심해석(Text-Centered Interpretation): 형식주의 비평, 구조주의. (3) 독자중심해석(Reader-Centered Interpretation): 독자반응비평, 서사비평, 페미니스트 비평, 해체비평. Tate, *Biblical Interpretation*, 173-205; 또한 Mark A. Powell, *What is Narrative Criticism?* (Minneapolis: Fortress Press, 1990); 이종록 옮김, 『서사비평이란 무엇인가?』 (서울: 한국장로교출판사, 1993), 35-51도 참조.

자의 의도로 본다. 전자는 '편집'의 목적으로서의 신학을 찾으려 했으나, 후자는 문학 전체에 흐르는 주제를 찾아 이것이 어떻게 서사적 틀 안에서 발전되는가를 문학적－수사학적 입장에서 조명해봄으로써 저자의 주장과 신학을 발견하고자 한다.57) 문학비평은 많은 장점을 가지고 있다. 텍스트 전체의 목적을 이해하려고 하기 때문에 부분을 해석하는 데 있어서도 '전체 의도'의 테두리를 벗어나지 않는다. 특히 '패턴'(pattern)과 '장치'(device)를 통해 발전되어가는 주제를 고찰함으로써 누가－행전 전체가 하나의 유기적 통일체임을 잘 설명해줄 수 있다.

그러나 이러한 문학비평이 누가－행전 이해의 유일한 방법이 될 수는 없다. 고대와 현대, 고대 지중해 세계와 한국 사회라는 시·공간의 차이는 문학구조 분석의 과정을 자의적인 것으로 전락시킬 우려가 있기 때문이다. 복음서가 저자의 특정 목적을 위해 예수의 말씀과 행적을 어느 정도 재구성했다는 점은 사실이나, 이것이 복음서의 '역사성' 모두를 빼앗아 갈 수는 없다. 물론 문학비평가들도 이런 약점을 보완하기 위한 다양한 시도를 계속한다. 그러나 출발점 자체에서 이루어진 전제이기 때문에 다른 비평방법과의 연계 없이는 이 약점을 근본적으로 해결할 수 없을

---

57) 이러한 관점에서 누가－행전을 연구한 대표적 저서들로는 Robert Tannehill, *The Narrative Unity of Luke－Acts: A Literary Interpretation*, vols. 1, 2 (Philadelphia: Fortress Press, 1986/1990); Charles. H. Talbert, *Literary Patterns, Theological Themes and the Genre of Luke－Acts* (Missoula, Montana: Scholars Press, 1974); idem, *Reading Luke: A Literary and Theological Commentary on the Third Gospel* (N.Y.: Crossroad, 1992) 등을 들 수 있다.

것이다.[58] 문학비평의 다른 약점은 한 복음서만을 연구하기 때문에, 비교를 통해서 얻는 선명성과 객관성을 무시하게 된다는 점에 있다.

역사와 문학은 동전의 양면과 같은 것이다. 두 면이 다 존재할 때 동전으로서의 기능을 수행할 수 있듯이, 이 두 측면도 동등한 비중으로 고려될 때 적절한 성서 읽기를 수행할 수 있을 것이다. 이런 이유로 우리는 문학과 역사를 동등하게 취급할 수 있는 새로운 이론과 방법을 시도해야 할 필요에 직면하게 되는 것이다. 이러한 요구를 가장 잘 수용하는 해석학적 관점이 바로 상호텍스트적으로 성서를 읽는 것이다. 따라서 상호텍스트성은 본 논문이 누가-행전을 읽는 거시적인 틀이다. 이를 위해 동원된 미시적 살핌의 도구는 서사이론(Narratology)이다.

1. 상호텍스트적 읽기

상호텍스트성을 추구하는 비평가들은 텍스트를 '다양한 문화적 담론'의 산물로서 고려한다. 다시 말해 텍스트는 무수한 문화의 중심들에서 끌어온 일종의 인용의 조직이라는 것이다.[59] 즉

---

58) 이러한 약점을 보완하기 위한 다양한 노력들 가운데 사회과학적 모델을 동원해 누가-행전의 해석을 시도하는 돋보이는 저술로는 J. H. Neyrey, ed., *The Social World of Luke-Acts: Model for Interpretation* (Peabody, Massachusetts: Hendrickson, 1991)을 들 수 있다.

저자와 독자 두 측면으로부터 의미 산출에 관련된 모든 요소들을 포함한다. 실제로 이러한 관점에서 보면, 독자 혹은 주어진 텍스트의 수신자는 해석의 중요한 열쇠가 된다.60) 텍스트는 독자에 의해 산출된 의미를 보여준다. 독자는 쓰인 것과 그렇지 않은 것 둘 다, 그의 세계에서 그에게 영향을 미치는 기호들의 다수성(multiplicity)의 기초 위에서 '상호텍스트적으로' 그러한 의미를 산출한다.61) 그러므로 텍스트 해석에 대한 상호텍스트적 접근은, 텍스트를 '다양한 문화적 담론들'의 산물로서 간주하는 것이다.

상호텍스트성(intertextuality)이라는 용어는 줄리아 크리스테바(Julia Kristeva)에 의해서 처음 비평계에 도입되어, 성서해석 분야에서 사용되는 개념이다.62) 상호텍스트성은 좁은 의미로는 텍스트들이 갖는 그 하부 텍스트(subtexts)와의 상호작용을 가리킨다.63) 그러나 넓은 의미에서는 하나의 텍스트는 허공에서 떨어지는 것이 아니라, 구체적 현실로부터 산출되는 것임을 강조한

---

59) M. H. Abrams, *A Glossary of Literary Terms*; 최상규 옮김, 『문학용어사전』 (서울: 보성출판사, 1991), 311 – 312.

60) Childers and Hentzi, *CDMLCC*, 246. 이러한 역동성을 검토하기 위해서는 저자와 독자 사이의 문화적 관습이 공유 혹은 이해되어야 한다. Umberto Echo, *The Role of the Reader: Expolations in the Semiotics of Texts* (Bloomington: Indiana University Press, 1979), 7 – 11. 이러한 독자와 텍스트의 상호작용에 대해서는 Yuri M. Lotman, *Universe of the Mind: A Semiotic Theory of Culture*; 유재천 옮김, 『문화 기호학』 (서울: 문예출판사, 1998)을 참조. 특히 그러한 상호작용에서의 텍스트의 기능(29 – 41쪽)과 저자, 텍스트, 그리고 독자의 상호성(107 – 135쪽)에 대한 논의를 볼 것.

61) Simon Dentith, *Bakhtinian Thought: An Introductory Reader* (London and New York: Routledge, 1995), 23 – 24.

62) Julia Kristeva, *The Kristeva Reader*, ed. Toril Moi (New York: Columbia University Press, 1986), 37, 111; Simon Dentith, *Bakhtinian Thought: An Introductory Reader* (London and New York: Routledge, 1995), 94 – 98.

63) 역사비평의 배경 연구에서 단어와 주제적 연관에 한정되었던 절차를 생각하면 쉽게 이해가 가능하다.

다. 다시 말해서, 하나의 텍스트는 스스로 의미를 가질 수 없다. 오히려 의미는 독자 자신들의 컨텍스트에서 텍스트를 상호텍스트적으로 읽음으로써 텍스트에 부여되는 것으로 본다. 간단히 말해서, 텍스트와 그것의 사회－역사적 컨텍스트 사이에는 밀접한 관련이 있다는 것이다. 이러한 텍스트에 대한 이해를 통해 상호텍스트적 읽기는, 본문과의 연대의 수준－즉 역사비평에서의 배경분석－에 머무르는 것이 아니라 상호맥락적 차원(intercontextual dimension)을 포함하는 것인데, 한 텍스트의 독자들이 그들의 사회적 위치(social location)에서 새로운 의미를 산출하는 것을 가능하게 한다.[64]

이처럼 문학 비평에 있어서 상호텍스트성이라는 말은 후기 구조주의 이래 발전된 텍스트에 대한 근본적으로 새로운 한 이해를 나타낸다. 실존주의적 휴머니즘의 기초를 제공해왔던 자율적 자아나 자주적 주체와 같은 개념들이 후기 구조주의적 또는 해체주의적 비평에 의해서 근본적으로 비판되었던 것처럼, 텍스트의 개념 역시 안정적 토대를 넘어 의미의 그물망 안에 있는 하나의 교차지로 이해된다.

다시 말해 한 텍스트는 무로부터 창조되는 것이 아니다. 문장을 이루는 모든 음절과 단어와 발화는 모두 다 선행하는 다양한

---

64) 상호텍스트성에 의한 국내 학자의 연구로는 나요섭, 『천국의 서기관 마태』(서울: 한국장로교출판사, 2001)를 참조. 그는 이 용어를 '글 사이 끼침'으로 번역한다. 그는 여기에서 상호텍스트성을 유형론 (topology)의 넓은 형태로 간주한다(33－39쪽 참조). 성서해석학적 차원에서 독자로부터의 의미생성에 관심을 두는 글로는 양권석, 「한국적 성서읽기의 한 방법으로서의 상호텍스트적 성서해석의 가능성」, 『선교신학』, 제2호 (1998): 66－106을 볼 것.

것들을 반복하거나 뒤섞고 있는 것이다. 모든 텍스트는 그 스스로 한 문화적 텍스트로서 무한한 다른 텍스트들의 메아리를 울려주고 있다.[65] 모든 텍스트는 선행하는 텍스트들의 다시 쓰기로, 그리고 그 선행하는 텍스트들에 대한 반응으로 간주될 수 있다. 그러므로 한 텍스트는 자율적이며 독립적으로 존재하는 것이 아니고, 다른 텍스트들과 매우 복잡하고도 유동적인 관계성 속에 존재하는 것이다. 여기서 말하는 다른 텍스트들은 저자를 통해서 들어오는 텍스트들은 물론이요, 독자를 통해서 들어오는 텍스트들까지 포함한다.[66] 간단히 말해 한 텍스트는 하나의 의미만을 소유하고 있는 한 대상이 더 이상 될 수 없다. 텍스트는 독자들의 참여와 응답을 요청하는 언어적 그물망이다.

상호텍스트성에 대한 이러한 이해는 서구 성서해석에 많은 영향을 주었다. 앞에서 보았던 것처럼 상호텍스트적 관계 속에 관련되는 텍스트들은 저자를 통해서 들어오는 텍스트들과 독자를 통해서 들어오는 두 가지 종류의 텍스트들을 가정할 수 있다. 성서 텍스트의 상호텍스트성에 대한 연구 역시 이 두 가지 관련 텍스트들에 대한 접근을 통해 이루어질 수 있을 것이다. 문학비평을 적용하는 최근의 연구들이 독자들을 통해서 들어오는 텍스트들에 대해서 새로운 관심을 보여주고 있는 것은 사실이지만, 상

---

65) Robert B. Hays, *Echoes of Scripture in the Letters of Paul* (New York: Yale University Press, 1989), 15 이하.

66) Roland Barthes, *Le Plaisir du texte*; 김희영 옮김, 『텍스트의 즐거움』 (서울: 동문선, 1997), 83-84. 특히 '저자의 죽음'(27-35)과 '작품과 텍스트'에 대한 구별을 참조(37-47).

호텍스트성을 성서 텍스트에 적용할 때, 전통적인 서구 성서신학은 저자들을 통해서 들어오는 텍스트들에 관심을 가져왔다. 가령 성서 내에서 성서의 책들 간의 상호텍스트적 관련성에 대한 연구를 통해서, 앞선 텍스트들을 재사용하거나, 재맥락화하거나, 재해석하거나, 변형하는 방식들에 대해서 연구하는 것이 그 좋은 예라 할 수 있을 것이다.67) 또 성서 텍스트들의 간문화적 관계(cross-cultural relationship)를 보다 강조하면서 성서 텍스트들의 형성에 관련된 다른 종교 텍스트들이나 아니면 경전 이외의 텍스트들과의 관련성에 대해서 연구하는 것들이 또 다른 예들이라고 할 수 있다.

이러한 이해를 토대로 볼 때 상호텍스트적 읽기는 누가-행전 읽기에 유용한 해석학적 지평을 제공할 수 있을 것으로 판단된다. 이를 위해 우리는 커뮤니케이션 모델의 상호작용에 의거해 일반적인 성서 해석 절차를 다음과 같이 정리할 수 있을 것이다. (1) 저자와 텍스트 사이의 상호성, (2) 텍스트 내부의 상호성, (3) 텍스트와 독자의 상호성이다.68) 특히 텍스트 내부의 상호성은 누

---

67) Dennis R. MacDonald, ed., *Mimesis and Intertextuality in Antiquity and Christianity* (Harrisburg, Pennsylvania: Trinity Press International, 2001)의 다양한 논문들을 참조. 특히 편집비평과의 관련성 속에서 상호텍스트성을 발전시키는 이론들로는 S. Draisma ed., *Intertextuality in Biblical Writings: Essays in Honor of Bas van Iersel* (Kampen: Uitgeversmaatschappi J. H. Kok, 1989)의 논문들을 참조. 특히 그러한 관점에서 상호텍스트성의 절차와 기본 개념들을 검토하기 위해서는 James W. Voelz의 글을 참조("Multiple Sings and Double Texts: Elements of Intertextuality", *Intertextuality in Biblical Writings*, 27-34).

68) 이것은 의사소통의 세 주체인 [저자]-[텍스트]-[독자]를 중심으로 우리가 이해하는 본 논문의 해석학적 관점인 것이다. 기존의 상호텍스트적 읽기가 (1)과 (3)의 입장을 중심으로 수행되었다면, 우리는 누가-행전의 통일성을 고려하여 (2) 텍스트 내부의 상호성을 중점적으로 분석할 것이다(3, 4장).

가-행전의 통일성을 고려할 때 중요한 상호성의 차원으로 인식될 필요가 있다.[69] 본서의 승천 내러티브 분석은 바로 이 '텍스트 내부의 상호성'에 집중하게 될 것이다. 이러한 텍스트 내부의 상호성을 위해 우리는 텍스트 자체에 관심을 집중하는 서사이론의 시야를 수용할 필요가 있다.

2. 서사이론

성서연구에 있어서 대부분의 내러티브 중심적 연구들은 문학적 허구(fiction)에 초점을 맞추어 왔다. 이 경우 역사(history)와 허구(fiction) 사이를 너무 예리하게 구분하여 내러티브를 정의하고 분석하여 왔다. 그러나 최근의 서사이론은 이런 날카로운 구별을 지양하고 절충적 의미로 사용하고자 한다.[70]

문학비평가인 채트먼(S. Chatman)은 '내러티브'(narrative)의 이중성을 '이야기'(story)와 '담론'(discourse)의 범주로 이해한다. 이야기

---

69) 누가-행전의 통일성에 대해서는 각주 5)를 참조.

70) 본 논문이 사용하는 서사적이란 용어는 흔히 서사비평이라는 명칭으로 성서학에서 사용되는 절차상의 추종을 지칭하지 않는다. 이러한 서사학과 서술이론의 구별 문제에 대해서는 다음을 참조하라. 김종갑, 「서술이론과 문학연구」, 『서술이론과 문학비평』, 석진경·전승혜·김종갑 편 (서울: 서울대학교출판부, 1999), 5-29. 이 논문에서 김종갑은 현대 서술이론의 위상과 방향을 진단하면서 서술학과 서술이론이라는, 이 상호호환적으로 사용되는 인척 개념을 구별하고자 한다. 간단히 말해서, 서술학이 구조주의적 서술연구, 다시 말해 좁은 의미의 서술연구를 지칭한다면, 서술이론은 후기구조주의적인 맥락에서의 서술연구, 넓은 의미의 서술연구를 지칭한다(3쪽). 이러한 서술이론을 통한 국내연구의 동향으로는 김영봉·오덕호 편, 『누가복음 새로 읽기: 문학적 읽기의 이론과 실제』 (서울: 한들, 2001)의 다양한 논문들을 볼 것.

란 내러티브가 말하고 있는 내용(what)을 의미하고, 담론이란 내러티브가 전달되는 방법(how)을 의미하는 것이다. 물론 이 둘은 상호 밀접한 관련성을 가지고 있으며, 이러한 구분은 연구의 목적을 위한 것일 뿐이다.[71]

서사비평이 다른 문학비평과 구분되는 것은 서사비평이 철저히 본문 중심적이라는 점을 들 수 있다. 서사비평은 저자-본문-독자에 이르는 완결된 의사소통 단계에서 저자와 독자보다는 본문에 더욱 집중한다. 저자에 치중하는 역사비평은 본문의 의미를 조각내는 경향이 있고, 독자를 중시하는 문학비평에서는 본문의 객관성이 상실될 우려가 있다. 서사비평은 본문의 문학성과 객관성을 지향한다. 여기서 서사비평은 다음과 같은 문제에 직면하게 된다. 즉 의사소통의 양 축인 저자와 독자를 배제하고도 본문이 홀로 존재할 수 있는 것인가? 이 문제를 해결하기 위해 고안된 것이 바로 내포 저자(implied author)와 내포 독자(implied reader)라는 개념이다.[72] 내포 저자는 실제 저자가 아니라, 실제 독자가 본문을 읽으

---

71) Symour Chatman, *Story and Discourse: Narrative Structure in Fiction and Film*; 김경수 옮김, 『영화와 소설의 서사구조』 (서울: 민음사, 1999), 20-24, 28, 34-38.

72) 서사비평의 의사소통 체계는 Powell, *What is Narrative Criticism?*, 59.

실제저자(real author) - 본문(text) - 실제독자(real reader)

↓

내포 저자(implied author) - 서사·이야기(narrative) - 내포 독자(implied reader)

↓

화자(narrator) - 이야기(story) - 수화자(narratee)

면서 본문 전체에서 추정해낼 수 있는 본문의 저자를 말한다. 내포 독자는 내포 저자의 상대 개념이다. 내포 독자는 실제 독자가 아니라 본문의 의도가 그대로 달성되고 있다고 생각되는 본문 속의 가상의 인물이다.[73)]

내포 저자와 내포 독자는 본문 분석을 통하여 알 수 있지만, 시대가 다르고 문화적 상황이 다르면 이들을 명확히 파악하는 것이 쉬운 일이 아니다. 내포 저자의 의도를 제대로 파악하기 위해서는 본문이 기록될 당시의 문화적 환경을 이해하는 것이 필요하다. 서사비평은 이 단계에서 역사비평의 성과와 당시의 사회, 문화, 역사에 대한 연구 결과에 의존한다. 따라서 본서는 본문의 역사성과 객관성을 간과하지 않기 위해 사회과학적 성서연구의 성과들을 이용할 것이며, 부분적으로는 편집비평과 그 결과들을 수용하도록 할 것이다.

이러한 내러티브의 성격을 채트만은 이중적인 것으로 이해하고 다음과 같이 제시한다. Chatman, *Story and Discourse*, 28; Powell, *What is Narrative Criticism?*, 53 - 54 참조.

내러티브(narrative) ┌ 이야기(story): 사건, 등장인물, 배경 – 내러티브의 내용(what)
　　　　　　　　　　└ 담론(discourse): 내러티브가 전달되는 방법(how)

73) 내포 저자는 이야기(story)와 이야기를 효과적으로 전달하는 표현체계인 담론(discourse)을 만들어낸다. 내포 저자는 화자(narrator)와 청자(narratee), 등장인물 등을 창조하여 이야기를 전개시켜 나가도록 하며, 사건과 배경 그리고 이를 엮는 플롯(plot)과 다양한 표현 기법 등을 사용하여 말없이 독자를 설득한다. 이 내포 저자의 의도를 분석함으로써 우리는 실제 저자의 의도나 본문의 배경을 고려하지 않고도 본문을 해석할 수 있게 된다. 또한 내포 독자는 내포 저자의 관점(point of view)을 그대로 수용하며, 내포 저자의 플롯과 표현 기법을 이해한다. 서사비평의 목적은 본문을 내포 독자로서 읽는 것이다. 내포 독자는 제2의 자아를 본문 속에 놓고 본문의 의도를 캐내기 위해서 노력해야 한다. 그러기 위해서는 본문에서 독자가 알고 있을 것이라고 전제하는 것은 모두 알아야 하며, 모른다고 전제하는 것은 모두 잊어야 한다. 내포 독자는 이야기를 듣는 과정에서 흥분하기도 하며, 등장인물과 감정이입을 하기도 하며, 본문의 앞뒤로 거슬러가서 예상과 회상을 하며, 내포 저자가 만든 상징과 서술 기법을 이해하는, 본문에서 의도하는 바에 이상적으로 반응하는 독자이다. Powell, *What is Narrative Criticism?*, 27 - 28; J. D. Kingsbury, *Matthew as Story* (Philadelphia: Fortress Press, 1988), 38 이하.

PART II
누가-행전, 승천 개념의 상호텍스트성

누가-행전에 나타나는 예수의 승천에 직접 다가가기 전에 우리는 그 본문들이 보여주는 상호텍스트적 연결고리를 검토하도록 할 것이다.[74] 이를 위하여 우선 누가-행전에 나타난 승천 용어들을 의미론적으로 분석하고, 다음으로 누가-행전과 밀접한 연관성을 보여주는 주요 동기들을 분석한 후에, 누가 승천개념의 사회적 맥락에 접근하기 위해 유대교와 그리스-로마 세계의 중심 가치를 검토하도록 할 것이다.

---

74) 여기에서의 상호텍스트성이란 방법론에서 언급한 바와 같이 '1) 저자와 텍스트의 상호텍스트성'을 의미한다(1장-Ⅲ-1. '상호텍스트적 읽기' 부분을 볼 것). 본 장에서는 이것을 본문의 문학적 저장소(text's literary repertorie)로 이해한다. 이것은 해석자의 중요한 전제에 대한 견제 역할을 할 수도 있다는 데서 중요한 의의를 가진다. Tate, *Biblical Interpretation*, 173-174.

I. 승천 개념의 의미론적 분석

의미론적 분석(semantic analysis)[75]은 본문의 언어가 의미를 드러내는 방법에 대한 접근으로, 특정 본문이 말하는 바와 의미에 대한 질문을 가리킨다.[76] "즉 한 본문의 의미를 드러내기 위하여 그 본문에 속해 있는 언어표시(단어, 구, 절, 본문)들과 의미와의 관계를 조사하는 것이다."[77] 의미론적 관점에서 보면 텍스트는 텍스트 내부의 의미 요소들 사이에서 일어나는 관계들의 총체인 것이다. 이런 점에서 텍스트는 전체적으로 '의미론적 소우주'(semantic micro−universe)라고 이해된다.[78] 또한 내부의

---

75) 의미론적 분석에 대해서는 Scot MaKnight, *Interpreting the Synoptic Gospel*, 97−120; 김희성, 『신약주석방법론』(서울: 한들, 2001), 69−94; Wilhelm Egger, *How to Read the New Testament: An Introduction to Linguistic and Historical−Critical Methodology* (Peabody, Massachusetts: Hendrickson Publisher, Inc., 1996), 84−111을 참조할 것.

76) Egger, *How to Read the New Testament*, 84.

77) 김희성, 『신약주석방법론』, 70.

78) Egger, *How to Read the New Testament*, 85.

그러한 의미 요소들과 함께 텍스트는 다양한 의미들의 궤도를 표현하는 것으로 볼 수 있다. 또한 텍스트의 모든 요소들은 다른 요소들을 언급하고 있다는 것이 의미론적 분석의 기본적인 텍스트 이해이다.[79]

이와 같은 분석을 통해 우리는 두 차원의 읽기(저자로부터의 텍스트 이해와 독자를 중심으로 하는 텍스트 이해)를 준비할 탐독 여정의 출발점을 마련하게 된다.[80]

1. 누가 – 행전의 승천 용어들

'승천'이라는 단어와 관련된 히브리어로는 알라(עלה)가 있다. 반면 헬라어는 매우 다양한 표현들을 볼 수 있다.[81] 중요한 몇 몇 신조들이 이에 근거하고 있다.[82] 누가 – 행전의 승천 개념의

---

79) Egger, *How to Read the New Testament*, 86. 의미론은 흔히 단어의 의미론, 본문의 의미론, 설화의 의미론으로 구별된다. "그런데 개별 진술은 그 의미를 문맥에서만 갖기 때문에, 본문에 대한 지식이 없이는 어떤 단어도 이해할 수 없다. 뿐만 아니라 단어의 의미에 대한 지식 없이는 역시 본문을 이해할 수 없다. 이해는 이렇게 순환적으로 이루어진다." 김희성, 『신약주석방법론』, 70.

80) 이것은 기존의 배경 연구의 어원론적 분석의 한계를 넘어서게 할 것이다. 왜냐하면 본서의 기본적인 입장이 하나의 담론 체계에서 진정 의미 있는 것은 개별 낱말들의 조각이 아니라, '개념들이 움직이는 배치'이다. 이 움직임이 가능하게 하는 구조와 세계관을 간과한 채, 오직 낱말의 의미를 우선 규정해놓고 일의적으로 해석을 가하는 것은 '일종의 동일성의 폭력'이라고 생각하기 때문이다.

81) ἀναβαίχειν, ἀναλαμβάνεσθαι, ἐπαίρεσται, πορεύεσται(행 1); ὑπάϓειν, ἀφέεναι(요); εἰσέρχεσθαι, διέρχεσθαι(히); ἀρπάξεσθαι(계 12:5); χωρείν(Ign. Magn. 7. 2) 등.

82) 승천, 하나님의 오른편에 앉으심, 그리고 재림 등. 승천이란 문제는 역사의 예수와 신앙의 그리스도 사이의 본질적인 연결을 고려하는 것이다. 신약성서의 승천에 대한 기술은 그것의 신학적 의미에 있어서 이차적인 것이다. 비록 일부 서신들(롬 8:34; 엡 1:20-21; 4:8-11; 히 6:20)이 승천에 대해 설명하려 하기보다는 당연한 것으로 생각하고 있기는 하지만 거의 모든 신약 기자들이 승천에 대해 증언하

의미를 명확히 하기 위하여 누가-행전에서 사용된 직접적 승천 용어들을 중심으로 의미론적 분석을 시도하고자 한다. 누가-행전에서 예수의 승천에 대한 언급으로는 여행 이야기의 도입부분(눅 9:51), 승천 내러티브(눅 24:50-53), 그리고 사도행전의 승천 내러티브(행 1:9) 등이 있다.

눅 9:51에는 승천을 위해 ἀναλήμψεως라는 용어가 등장한다. 이 부분은 누가복음을 이해하는 데 중요한 분기점으로, 예수가 본격적으로 예루살렘을 향해 나아갈 것을 밝히고, 여기에서 승천을 처음으로 언급한다.[83]

고 있다. 복음서들은 육체적 측면들에 초점을 맞춘다. 그에 반하여 바울은 그리스도의 영적인 몸을 강조한다. 요한 문헌들은 승천에 대해 언급하지 않고 단지 몇몇 특별한 경우들에서만 그것을 암시한다(요 8:14, 21; 13:3, 33, 36; 14:4, 5, 28; 16:5, 10, 17, 28). 그 문헌들은 그리스도를 그의 아버지로부터 그리고 아버지에게서 여행을 떠나는 하강-상승의 맥락에서 묘사한다(Norman R. Gulley, "Ascension of Christ", *ABD* I, 472-474). 대체적으로 신약성서에서는 인자와 관련해서 승천 개념을 다루고 있는데, 그 역할이 미래적인 것(고전 15:25-27; 히 10:13; 참조 마 19:28 등)에서부터 현재적인 것으로 옮겨지고 있음을 보여준다. 따라서 승천은 우주를 지배하는 영계를 예수께서 결정적으로 정복하시고, 또한 그 영계에 자신을 계시하게 되었다고 하는 신앙고백적인 글에서 클라이맥스가 되는 부분으로 언급되고 있다. 히브리서는 시편들(2, 8, 110편)과 '승천하다'라는 말을 개념적으로 연결하여 '승천하신 큰 대제사장'(히 4:14 참조 롬 8:34; 요일 2:1-2)에 초점을 맞춘 신앙고백 양식(히 1:3, 참조 히 5:7-10)을 제시하고 있다. 이처럼 예수의 승천에 대한 자세한 묘사는 특정한 신약 문헌들에만 나타난다. 마태복음, 바울 서신 대부분, 요한 계시록에는 나타나지 않는다. 로마서, 에베소서, 요한 1, 2, 3서, 히브리서에는 승천이 암시적으로 언급되는 데 반해 마가복음과 누가복음, 그리고 사도행전은 그것을 명백히 다루고 있다. 이 점은 누가의 예수 이해를 독특하게 해주며 누가의 하나님의 뜻에 관한 증언을 상세하게 관련시켜 준다.

83) 물론 변화산 내러티브(눅 9:28-36)의 간접적 언급을 고려할 필요는 있다. 그러나 여기에서는 승천이라는 용어의 의미를 규정하기 위한 분석이므로 구체적인 언급을 우선적으로 고려한다. 이 부분은 앞으로 지속적으로 언급될 것이다. 여기서는 간략히 살펴보도록 하자. "영광 중에 나타나서 장차 예수께서 예루살렘에서 별세(別世, τὴν ἔξοδον)하실 것을 말씀할 새." τὴν ἔξοδον은 기본적으로 출발, 출애굽, 떠남(a departure)의 의미를 가지고 있다. 신약에 같은 의미로 쓰인 본문은 히 11:22; 벧후 1:15이 있다. 주의할 것은 개역 성경에는 번역되어 있지 않지만, πληρουν to accomplish에 주목해야 한다. 영어번역문은 이것을 잘 반영하고 있다(NIV). "appeared in glorious splendor, talking with Jesus. They spoke about his departure, which he was about to bring to fulfillment at Jerusalem." 이하에서 성서인용은 헬라어신약성서는 *Novum Testamentum Graece* 27판을, 우리말 성서는 『개역성서』를 기본 텍스트로 사용할 것이다. 그러나 우리말의 경우는 의미상의 문제가 있을 경우에 사역을 한 곳도 있다.

예수께서 **승천하실**(ἀναλήμψεως) 기약이 차가매 예루살렘
을 향하여 올라가기로 굳게 결심하시고

이 단어는 ἀνάλημψις의 소유격, 단수이다. 기본적으로 '들어
올림'(a taking up)의 뜻을 가지며 승천이라는 의미로 사용된다.
기억할 것은 계속 나아간다는 모티브로 연결될 수 있는 어휘인
πορεύεσθαι가 함께 언급되고 있다는 점이다. '예루살렘을 향하
여 올라가시기로'(τοῦ πορεύεσθαι). 이후로 계속 나아감(to go
on)이 언급된다(이를 예루살렘의 의미와 연결해 고려할 필요가
있다).

다음은 눅 24:51의 승천 내러티브 가운데서 발견된다.

축복하실 때에 저희를 떠나 (하늘로 올리우)시니

"떠나 (하늘로 올리우)시니"(ἀνεφέρετο εἰς τὸν οὐρανόν)라는
표현으로 예수의 승천을 묘사하는 데 사용된 ἀνεφέρετο는 ἀναφ
έρω의 3인칭, 단수, 미완료, 수동태이다. 이 단어의 기본적인 의
미는 올려가다, 가져가다, 데려오다 바치다, 짊어지다 등이 있다.

사도행전에는 행 1:2, 9, 10, 11에 승천에 대한 언급이 나타난다.

2 그의 택하신 사도들에게 성령으로 명하시고 승천하신
날까지의 일을 기록하였노라

9 이 말씀을 마치시고 저희 보는 데서 올리워 가시니 구
름이 저를 가리워 보이지 않게 하더라 10 올라가실 때에
제자들이 자세히 하늘을 쳐다보고 있는데 흰 옷 입은 두
사람이 저희 곁에 서서 11 가로되 갈릴리 사람들아 어찌
하여 서서 하늘을 쳐다보느냐 너희 가운데서 하늘로 올리
우신 이 예수는 하늘로 가심을 본 그대로 오시리라 하였
느니라

2절의 '승천하신'(ἀνελήμφθη)은 서문 중 누가복음을 요약하
는 곳에서 언급된다. ἀναλαμβάνω의 3인칭, 단수, 1과거, 직설,
수동태이다. 기본적으로 '들어 올리다'(take up), '세우다'의 의미
로 사용된다. 9절의 '올리워 가시니'(ἐπήρθη)는 승천 사건 자체
를 묘사하는 내용에 등장하는 용어로 눅 24:51의 ἀνεφέρετο와
함께 가장 직접적인 승천 용어이다. 이 단어는 ἐπαίρω의 3인칭,
단수, 1과거, 직설법, 수동태로 '들어 올리다'(to lift up), '쳐들다'
라는 기본적 뜻을 가지고 있다. 10절의 '올라가실 때'(πορευωμέν
ου)는 9절에 이어지는 직접 묘사이다. πορεύωμαι의 소유, 단수,
남성, 분사, 현재형이고, '가다'(to go), '떠나가다,' '여행하다,'
'죽다'라는 의미를 보여주는 단어이다. 끝으로 11절의 '올리우
신'(ἀναλημφθείς)은 두 사람이 제자들을 꾸짖는 맥락에 등장한
다. 2절의 단어와 같은 용어로 동일한 의미로 사용되었다.

이상의 살핌으로 우리는 내러티브의 맥락에서 볼 때 가장 직접

적으로 승천을 언급하는 부분이 눅 24:51과 행 1:9임을 알게 되었다. 그 두 부분에 사용된 단어는 ἀναφέρω와 ἐπαίρω이다.[84] 따라서 우리는 이 두 단어에 대해 의미론적 분석을 시도할 것이다.

2. 아나페로(ἀναφέρω)의 의미론 분석[85]

ἀναφέρω는 신약성서에서 총 9회 사용된다. 마태복음에 1회(17:1), 마가복음에 1회(9:2), 누가복음에 1회(24:51), 히브리서에 3회(7:27; 9:28; 13:15), 야고보서에 1회(2:21), 베드로전서에 2회(2:5, 24). 아래 표는 이 단어가 나타나는 부분들을 목록화한 것이다.

〈표 1〉 ἀναφέρω 분석표

언급구절	단어형태	의미	문맥/기능
마 17:1	ἀναφέρει	올라가다	변화산 내러티브/세 제자 데리고 산에 오름
막 9:2	ἀναφέρει	올라가다	변화산 내러티브/세 제자 데리고 산에 오름
눅 24:51	ἀνεφέρετο	올리우다	부활 후 베다니에서 제자들 축복 후 하늘로 올리움
히 7:27	ἀναφέρειν	(a)드리는	희생제물 바치는 데 사용되는 전문용어
	ἀνενέγκας	(b)드려	(a)는 제사를 대제사장이 매일 (b)는 예수가 제물로 단 한 번
히 9:28	ἀνενεγκεῖν	담당하다	많은 이들의 죄를 위해 단번에 바쳐지는 예수

---

84) 간접적인 언급까지 포함하여 누가-행전의 승천 어휘를 보면 다음과 같다. 눅 9:31(ἔξοδος); 눅 9:51(ἀναλήμψις); 눅 24:51(ἀναφέρω); 행 1:2(ἀναλαμβάνω), 9(ἐπαιρω), 10(πορευωμαι), 11(ἀναλαμβάνω).

85) 이하의 분석에서 본서는 다음의 도구들을 사용하여 단어, 문맥을 검토 목록화할 것이다. 기본적으로 단어들이 등장하는 목록을 조사하는 데는 *Computer-Konkordanz zum Novum Testamentum Graece*를, 문법적 요소와 배경에 대해서는 *A Greek-English Lexicon of the New Testament and Other Early Christian Literature* (이하 *GELNT*로 인용)와 TDNT, EDNT를 기반으로 하였다.

히 13:15	ἀναφέρωμεν	드리다	예수의 이름으로 인해 성도들이 하나님께 찬미의 제사를 드림
약 2:21	ἀνενέγκας	드리다	아브라함이 이삭을 제물로 드림(인용문)
벧전 2:5	ἀνενέγκαι	드리다	성도들이 예수 그리스도로 말미암아 하나님께 제사를 드림
벧전 2:24	ἀνήνεγκεν	담당하다	예수 그리스도가 성도들의 죄를 담당함

대체적으로 위를 향한 운동과, 속죄제를 위한 전문용어로 신약성서에서 사용됨이 문맥적인 검토를 통해 드러난다. 마태와 마가의 예는 역사적 현재의 예를 보여준다. 그리고 서신들은 모두 제의적 맥락에서 사용되는 용어들로 속죄적 행위(sacrificial act)와 관련된다. 이 단어들을 통어적이고 범례적인 접근을 통해 의미론적 특징들을 보면 대략 아래 각주와 같다.[86]

이처럼 '올려가다'라는 단어는 복음서에서는 대체로 공간이동을 위한 술어로 사용되며, 서신에서는 제물을 바치는 행위와 관련해서 의미군을 형성하고 있음을 볼 수 있다. 특히 눅 24:51은 유일하게 예수(의 몸)와 관련해서 승천의 의미로 사용되고 있음이 드러난다.

---

86) "올려가다"의 의미론적 특징들

특징 \ 출처	마 17:1	막 9:2	눅 24:51	히 7:27	히 9:28	히 13:15	약 2:21	벧전 2:5	벧전 2:24
공간	○	○	○	×	×	×	×	×	×
승천	×	×	○	×	×	×	×	×	×
예수	○	○	○	○	○	○	×	○	○
제물	×	×	×	○	○	×	○	○	○
속죄	×	×	×	○	○	×	×	×	×
찬양	×	×	×	×	×	○	×	×	×

또한 이 단어의 의미를 확정하는 데는 사용된 본문의 맥락과 유형이 중요한 역할을 한다. 위에서 살펴본 것처럼 이 표현은 특히 공관복음서와 서신들에 등장함을 알 수 있다. 마가복음과 마태복음의 "그가 (그들을) (높은 산으로) 이끌었다"[87]는 표현은 신약에서 ἀναφέρω를 역사적 현재(the historical present)로 사용한 유일한 예이다. 이것은 복음서 저자가 ἀναφέρω에 특별한 중요성을 부여하고, 위를 향한 장소 이동을 강조하려는 의도를 보여준다.[88]

눅 24:51에서 ἀνεφέρετο는 본문 비평상 의심을 받고 있지만, 대체로 본래적인 것으로 인정된다.[89] 이 단어는 누가복음에서만 예수의 승천을 지시하는데, 수동태로 사용되고 있다. ἀναφέρω는 칠십인 역(LXX)에 이러한 의미로 나타나지 않는다. 단지 세속적 승천 내러티브들에서만 볼 수 있다.[90] 그리고 나머지는 서신들에 발견되는데 모두 제의에 사용되는 전문용어들로 나타난다. 이 점에서 누가복음의 화자가 눅 24:50−53의 문맥 속에서 마치 제사장과 같은 이미지로 예수를 묘사하는데, 특정한 의미가 있음을 깨닫게 된다.

이상의 분석에 따르면, 이 단어는 공관복음에서는 공간과 연

---

87) 마 17:1; 막 9:2 참조.

88) J. Kremer, "ἀναφέρω", *EDNT* vol. 1, 94.

89) Parsons, *Departure*, 35−52 참조.

90) Kremer, "ἀναφέρω", 94; Lohfink, *Die Himmelfatrt Jesu*, 171 참조.

결되어(산, 하늘, 특히 위를 향하는) 사용되며,[91] 서신들에서는 제의적 행위(찬양, 제물의 바침, 죄의 담당 등)에 관련되고 있음을 알 수 있다. 그렇다면 우리는 다음의 질문을 제안하게 된다.

누가는 승천이라는 표현으로 ἀνεφέρετο라는 용어를 사용함으로써 이 단어가 공간적으로 위(하늘)를 향하여 움직이는 이동, 변화의 이미지와 그 자체가 축복과 찬양에 관련되는 제의적 행위임을 강조하고자 했던 것일까? 특별히 50절과 52−53절의 축복 모티브는 이와 어떤 의미연관성을 가지고 있는가?[92] 또한 사도행전의 승천 언급은 어떠한가, 이런 결과를 계속해서 유지하고 있는가? 이에 대한 답을 추구하기 위해 우리는 우선 사도행전에서 승천 관련 어휘를 분석할 필요가 있다.

3. ἐπαίρω의 의미론 분석

ἐπαίρω는 신약성서 안에 총 19회 등장한다. 마태복음에 1회(17:8), 누가복음에 6회(6:20; 11:27; 16:23; 18:13; 21:28; 24:50), 요한복음에 4회(4:35; 6:5; 13:18; 17:1), 사도행전에 5회(1:9; 2:14;

---

91) 그러므로 변화산 내러티브에서 마가가 사용하는 "산으로 올라갔다"라는 단어를 누가는 삭제하고 있으며 24:51에서 예수의 승천 시에만 사용하였는데 이는 나름대로의 이유가 있었을 것이다.

92) 이러한 제의적 동기는 흔히 시락서(Sirach)와 연결됨이 고려되었다. 이에 대해서는 아래 동기 분석에서 검토될 것이다.

14:11; 22:22; 27:40), 고린도후서에 2회(10:5; 11:20), 디모데전서
에 1회(2:8) 등장한다. 아래 표에서 이 단어를 목록화하였다.

<표 2> ἐπαίρω 분석표

언급구	단어형태	의미	문맥/기능
마 17:8	ἐπάραντες	들고	변화산 이야기: 제자들이 눈을 들고
눅 6:20	ἐπάρας	들어	복과 화 선언 이야기 도입부: "눈을 들어"
11:27	ἐπάρασα	높여	참된 복을 선언 이야기 도입부: "한 여자가 음성을 높여"
16:23	ἐπάρας	들어	부자와 거지 이야기: 부자가 "고통 중에 눈을 들어"
18:13	ἐπᾶραι	들어	바리새인과 세리: "세리가 …… 눈을 들어……"
21:28	ἐπάρατε	들다	종말담론(인자도래예언): "머리를 들라"/명령형
24:50	ἐπάρας	들어	승천 내러티브: "예수가 손을 들어"
요 4:35	ἐπάρατε	들어	사마리아 우물가: "눈을 들어"
6:5	ἐπάρας	들어	급식기적: 예수 눈을 들어
13:18	ἐπῆρεν	들었다	제자들의 발 씻김: "발꿈치를 들었다"
17:1	ἐπάρας	들어	예수의 기도: 눈을 들어
행 1:9	ἐπῆρθη	들려올라가다	승천 내러티브/승천, 수동, 예수의 몸
2:14	ἐπῆρεν	높여	베드로의 오순절 설교: "소리를 높여"
14:11	ἐπῆραν	높이다	루스드라 바울 이적 이야기: "소리를 질러……"
22:22	ἐπῆραν	높이다	예루살렘 천부장 앞 바울의 변론에 대한 반응: "소리 질러"
27:40	ἐπάραντες	달다	난파 이야기 중: "돛을 달고……"
고후 10:5	ἐπαιρόμενον	높이다	사도직 변호: "대적하여 높아진 것"
11:20	ἐπαίρεται	자고(自高)	바울의 자랑: "자고(自高)하다"
딤전 2:8	ἐπαίροντας	들어	권고: "손을 들어"

보는 것처럼 누가—행전에서 가장 많이 사용되었다. 대격에
따라오는 능동태 형식이 가장 일반적이며(16회), 보통 인간의
(의식) 기관 혹은 몸의 일부에 관련된다.[93] 하나의 예외가 행

27:40에 나오는데 여기서는 배의 돛에 관련된다.

예수의 승천에 대한 보고에서 수동태의 용법은 초자연적 원인을 시사한다(행 1:9). "그는 들려 올라갔다(he was taken up)." 행 1:2, 11의 ἀναλαμβάνω 역시 모두 수동태로 사용되어 동일한 원인(하나님의 능력에 의한)을 제시한다.

칠십인 역(LXX)에서 "들어 올리다"라는 의미로 가장 자주 사용되는 이 단어는 기도할 때 몸을 든다는 종교적 의미를 가지며(딤전 2:8; 눅 18:13; 요 17:1), 축복(눅 24:50) 혹은 소망(눅 21:28)의 몸짓을 묘사하는 데 사용되기도 한다. 바울서신에서는 하나님(고후 10:5)이나 다른 사람들(고후 11:20)에 대한 저항, 즉 논쟁의 맥락에 나타난다.94)

---

93) U. Borse, "ἐπαίρω", *EDNT* vol. 2, 17.

94) Borse, "ἐπαίρω", 17.

Ⅱ. 승천 내러티브의 동기 분석

신의 승천 동기는 종교적으로 광범위하게 발견되는 주제이다. 이 주제는 유대교적 환경에서 존귀한 인물의 승천 이야기에 영향을 끼쳤으며, 발전을 가져왔다.[95] 유대교 전승은 엑스타시 중에나[96] 사망 시 영혼이 승천한다는 전승과 통합된 것이다. 또한 이 전승은 다양한 종교적 종파들에 영향을 미쳤다고 보인다. 예를 들면 조로아스터교(Zoroastrianism)의 아베스타(Avesta), 미트라교(Mithraism) 및 영지주의(Gnosticism)에서는 세 개 또는 일곱 개의 천체들을 통과해야 하는 여행의 내용이 있는데 이에 따르

---

95) 승천한 것으로 전해지는 인물들은 다음과 같다. **에녹**-창 5:24; 요벨 4:23; 외집 44:16; 49:14; 외지 4:10-11; 에녹일 39:3 이하; 70-71장; 에녹이 등. **엘리야**-왕하 2:1-12; 외마상 2:58; 에녹일 89:52; 93:8; 외집 48:9 등. **바룩**-시바룩 13:3; 25:1; 46:7 등. **모세**-Jos. Antiq. Ⅳ. viii. 49; 모세의 승천 등. **스바냐**-Apocalypse of Zephaniah, in Clement of Alexandria, Strom. V. 11. **아브라함**-아브라함 묵시 15-29. **이사야**-이사야의 승천 6-11. **아담**-LIfe of Adam and Eve 25-29. **라파엘**-외토 12:16-20.

96) 고후 12:2-4 참조.

면 각 천체에는 비밀지식 및 친절한 영들의 도움을 받아야 통과
할 수 있는 문들과 적대적인 영들, 그 밖의 장애물들이 있다는
것이다. 헬레니즘 시대에는 '신적 인간'(the divine man)은 물론
이고 영지주의적 '구속자'(Redeemer)를 묘사하기 위해 천상에서
의 강림과 천상에로의 승천이라는 양식을 발전시켰다.[97] 유대교
와 그리스－로마 세계 모두에서 승천에 관련된 이야기들을 살
펴볼 수 있는데, 대부분 선택된 그룹의 중요 인물들에 한정되어
나타난다.[98] 구약성서에서는 에녹(창 5:24)과 엘리야(열하 2장)
의 승천을 찾아볼 수 있다.[99] 전승에 의하면 모세의 승천도 암
시적으로 언급된다. "벧브올 맞은편 모압 땅에 있는 골짜기에
장사되었고 오늘까지 그 묘를 아는 자 없느니라"(신 34:6). 헬라
전승에서 사라짐은 승천에 대한 증거로 간주되었다.[100] 그래서
헬라적 유대교에서는 무덤을 알 수 없다는 사실에 기초해서 모
세의 승천 사상을 발전시켰다.

일반적으로 눅 24:50－53은 시락 동기를 행 1:9－11은 엘리
야 동기와 관련이 있는 것으로 인정된다.[101] 그것은 텍스트의
언어, 구문적 병행뿐 아니라 문맥상 유사 주제들을 사용하고 있

---

97) Zwiep, *The Ascension*, 36－79.

98) D. W. Palmer, "The Literary Background of Acts 1.1－14", *NTS* 33 (1987): 432.

99) 이에 대한 분석은 아래에서 수행될 것이다.

100) 로물루스(Romulus) 등. Lohfink, *Himmelfart*, 38, 41.

101) 구약성서의 승천으로는 에녹, 엘리야 이야기를 들 수 있다. 창 5:24의 에녹과 왕하 2:11의 엘리야가
그들이다. 이것은 일정한 사건 보도와 관련해 언급되고 있는데 다른 양식으로는 시편의 언급들이 있다.
2, 8, 110편이 승천 주제를 다루기 때문에 흔히 이들을 '승천시편'이라고 부른다. 우리의 목적을 위해
서는 사건의 맥락에서 전달되고 있는 승천 이야기, 즉 에녹과 엘리야의 이야기가 중요하다.

다는 데 근거한다.[102] 따라서 여기서는 각각의 승천 이야기 자체를 살펴보고, 각 본문 간의 동기 분석을 통한 상호텍스트성을 검토하도록 할 것이다.

1. 시락 모티브(시락 50:20－22)

시락 이야기에 대한 관찰은 승천 내러티브와의 직접적인 병행들이 나타나고 있음으로 중요하다. 시락서 50:20－22과 눅 24:50－53에서 우리는 다음과 같은 병행들을 발견하게 된다.

시락서 50:20－22

20이어서 (시므온은) 계단에서 내려와 이스라엘 자손들의 온 회중 앞에 손을 높이 들고 그 입으로 주님께 축복을 드리고 그분의 이름을 찬양하였다. 21 그들은 다시 한번 엎드려서 지극히 높으신 분의 축복을 받았다.
22 이제 만물의 하나님을 찬양하여라. 그분은 어디에서나 큰일을 하시고 우리가 모체에 있을 때부터 우리를 길러주셨고 당신의 지혜를 우리에게 베풀어주셨다.

---

102) Zwiep, *The Ascension*, 36－79.

50 예수께서 저희를 데리고 베다니 앞까지 나가사 손을 들어 저희에게 축복하시더니 51 축복하실 때에 저희를 떠나 (하늘로 올리우)시니 52 저희가 (그에게 경배하고) 큰 기쁨으로 예루살렘에 돌아가 53 늘 성전에 있어 하나님을 찬송하니라

이상에서처럼 두 본문은 네 곳에서 병행을 이루고 있다. 그중에서도 특히 시락서 50:21과 눅 24:50b(제사장이 백성을 축복하는 모습) 그리고 시락서 50:22와 눅 24:53(사람들이 하나님을 찬양하는 모습)은 εὐλογέω를 반복적으로 사용하고 있는데 이는 저자의 의도와 관련하여서 특별히 주목할 부분이다.[103]

이러한 병행을 중시한 많은 학자들은 예수께서 승천하시면서 행하신 축복을 '제사장적인 축복'으로 이해한다. 왜냐하면 여기서 '그의 손을 들다'라는 표현은 사제의 종결적 축복을 의미하는 것이기 때문이다.[104] 그리고 이어서 나오는 '저희를 축복하다' 역시 누가가 제사장적인 축복의 이미지를 부여하기 위해 사용한 것이다.[105]

시락서 50:20-22에서도 사제의 축복과 회중의 반응이 발견

---

103) Parsons, *Departure*, 54.

104) van Stempvoort, "The Interpretation of the Assension in Luke and Acts", 34.

105) van Stempvoort, "The Interpretation of the Assension in Luke and Acts", 34.

된다. 사제는 손을 들어 축복하고 회중은 그 앞에 엎드리며 그에 대해 민 6:22-27에 자세히 언급된 '사제의 축복 말씀에 대한 응답'으로 반응한다. 그리고 이러한 엎드림의 이미지는 눅 24:52의 '저희가 그에게 경배하고'와 연결된다. 그리고 이어지는 εὐλογήσατε와 εὐλογήσατες는 앞에서와 마찬가지로 사제의 종결적 축복을 의미한다. 시락서 기자는 신앙적 영웅의 삶의 절정으로 종결부에서 이 축복의 장면을 사용하려 하였던 것이다.[106] 이상에서 볼 때 시락서 50:20-22에서는 누가가 언급한 예수의 마지막 현현의 배경이 발견된다. 누가의 이러한 종결 형식은 그의 독특한 방법이다.[107]

이러한 축복의 장면은 구약 여러 곳에서 발견된다. 이것은 예수의 축복행위의 의미를 올라가는 분은 그에게 속한 사람들을 하늘로부터 오는 하나님의 구원 활동에 맡긴다는 의미를 상기시킨다.[108] 문제는 이와 같은 축복이라는 종결을 통해 무엇이 부각되고 있는가에 있다. 이것은 사도행전 승천 내러티브의 동기분석의 결과와 함께 검토되어야 할 것이다.

---

106) David A. Hubbard, *Luke 9.21-24.53* WBC 35B (Dallas: Word Book Publisher, 1989), 1229.

107) van Stempvoort, "The Interpretation of the Ascension in Luke and Acts", 35.

108) 성서의 족장사에는 가장이 그가 죽기 전에 그의 아들들을 축복하는 이야기가 많이 언급되고 있다. 야곱의 이야기는 대표적인 예이다. 야곱은 본래 장자인 에서에게 돌아가야 하는 가장의 축복을 가로챈다(창 27장). 또한 야곱은 그가 죽기 전에 그의 아들 요셉의 아들들에게 축복한다(창 48장). 모세는 죽기 전에 이스라엘 백성을 축복한다(신 33장). 솔로몬왕도 성전 봉헌을 위한 대예배를 드린 후에 모든 회중이 각기 그들의 도시와 마을로 돌아가기 전에 그들을 축복한다(왕상 8:45; 수 22:6-7). 팔을 위로 드는 것은 축복의 행위이다(민 6:22). 외경 토비트서에 보면 천장 라파엘이 그가 하늘로 다시 올라가기 전 그의 현현의 마지막에 마침내 아버지 토비트와 그의 아들 토비아스를 축복한다(토 12:16). Ulrich Wilckens, 박창건 역, 『부활』 (서울: 성광문화사, 1985), 92.

2. 엘리야 모티브(왕하 2:11)

구약에서 승천에 대한 언급들은 다음과 같은 곳에서 살펴볼
수 있다. 대관식 시편들(24, 47, 68, 110, 118)은 승천, 고양 등
을 예표한다. 칠십인 역(LXX)에서 승천을 묘사하는 문체가
24:3; 47:5; 68:18에 사용되었고, "내 오른편에 앉아라"는 110:1
의 구절은 그리스도의 고양을 예표하고 있으며, 신약성서에 가
장 자주 인용되는 구약성서 본문이다. 에녹(창 5:24, 히 11:5)과
엘리야(왕하 2:1 - 18)의 승천은 다른 역사적 예들을 제공한다.
엘리야의 승천을 칠십인 역으로 번역할 때 사용되었던 ἀναλαμ
βάνω라는 단어가 막 16:19과 딤전 3:16에서는 그리스도의 승천
을 묘사하는 데 사용되고 있다.

A. 문맥과 용어

왕하 2:11 두 사람이 행하며 말하더니 홀연히 불수레와
불말들이 두 사람을 격하고 엘리야가 회리 바람을 타고
승천하더라

왕하 2장은 엘리야의 삶과 사역의 마지막 사건과 그의 추종
자 엘리사의 계승에 대한 이야기로 구성되어 있다. 사실 엘리야

의 승천 이야기(왕상 2:1－18)는 엘리사 전승의 수집에 의한 것
이다.[109] 특히 승천 이야기의 기적 요소, 예언자 그룹과의 연관
은 엘리사 전승의 수집물에 속함을 암시한다.[110] 결국 엘리야
승천 이야기는 예언자로서의 능력과 권위가 엘리사에게 올바르
게 이양(계승)되었음을 보여준다. 그와 같은 맥락을 고려하여 아
래와 같이 크게 세 부분으로 2장을 나눌 수 있다.

> 2:1－18 엘리야의 승천, 예언자의 권위계승, 요단강의 나뉨.
> 2:19－22 여리고 성의 기적.
> 2:23－24 베델 아이들의 징벌.

각 이야기들은 엘리사 초기 사역의 단계들을 보여준다. 여기
에서 2장의 첫 번째 부분의 초점이 11절, 즉 엘리야의 떠남(승
천)에 대한 간략한 묘사에 놓인다. 왕상 1장과 2장은 11절을 중
심으로 매우 잘 짜인 구조적 긴밀성을 보여준다. 우선 2:1－18

---

109) John Gray, 한국신학연구소 옮김, 『열왕기하』, 국제성서주석 10 (천안: 한국신학연구소, 1992), 31.

110) Gray, 『열왕기하』, 31－32; Devries는 유사한 견지에서 수집을 두 단계로 제안한다(*Prophet against Prophet*, 53－54, 116－123). 그중에 1－18절과 23－24절은 "능력－증명 내러티브"(power－demonstration narrative)라고 분류한다. 전자의 특징은 예언자의 능력의 범위와 본질을 드러내는 놀라운 이야기를 통해 특정 예언자의 진정성과 정체를 밝히고자 하는 데 있다. 후자는 카리스마적 능력의 실례를 제공하는 놀라운 이야기다. 그러므로 그것의 목적은 한 모델 예언자가 행할 수 있는 것들을 보여주는 것이다. T. R. Hobbs, *2 Kings*, WBC 13(Waco, Texas: Word Books, 1985), 15－16에서 재인용. 이와는 달리 2:1－24를 "단순한 전설"(simple legends)로 보는 Rofe의 의견도 참조하라 [*JBL* 89 (1970): 427－40]. 이러한 배후에 대한 탐구들에 대해 Hobbs는 몇 가지로 비판한다. (1) 충분한 비교 자료가 없지 않는가, (2) 현 단계 문헌의 상황에서 구전 단계의 추적이 가능하지 않으며, (3) 문학 이전 단계의 재구성이 현재 본문(왕하 2장)의 이해에 어떤 공헌을 하는가 하는 문제 제기를 통해 그와 같은 분석이 주변적인 것에 불과함을 지적한다. Hobbs, *2 Kings*, 17.

은 11절을 중심으로 교차대칭 구조를 보여준다.111)

이와 같은 구조는 1장과 2장 전체에 걸쳐 나타난다.112) 1:1－8, 16－17과 2:19－22, 그리고 1:9－15과 2:23－24 사이에서 그와 같은 현상을 살펴볼 수 있다. 1:1－8, 16－17과 2:19－22의 공통 주제는 병(sickness)과 치유(healing)이다. 한편에서는 왕이 치유되길 구하며 외국 신을 찾고, 다른 한편에서는 여리고 사람들이 엘리사에게 도움을 요청한다. 두 경우 모두에서 하나님의 말씀이 부각된다(1:4 심판과 죽음의 말씀; 2:21 치유의 말씀). 그리고 모두 성취 공식구(a fulfillment formula)로 끝난다(1:17; 2:22).113)

1:9－15과 2:23－24에는 세 가지 유사점이 있다. 두 부분 모두에서 하나의 요청이 예언자에게 제시된다.114) 이에 대한 응답은 둘 모두에서 매우 격렬한 형태로 나타난다. 죽음이 심판의 대리인으로 나타난다(1:10; 2:24). 심판에 대한 묘사가 매우 유사하게 나타난다.115) 마지막으로 1장과 2장에는 예언자들에 대

---

111) Hobbs, *2 Kings*, 17－18 참조.

112) Hobbs, *2 Kings*, 18.

113) "왕이 엘리야의 전한 엘리야의 말씀대로 죽었다"(1:17). "그 물이 엘리사의 말과 같이 고쳐져서 오늘날에 이르렀더라"(2:22). 아하시야가 자손이 없이 죽은 것과 엘리사가 고친 땅의 본래 상태 사이에는 밀접한 관련성이 보인다. Hobbs, *2 King*, 18.

114) 1:9－엘리야에게 왕이 '내려오라'(come down)는 것; 2:23－24－엘리사에게 소년들이 대머리여 '올라가라'(go up)고 조롱함.

115) 1:10과 2:24을 참조.
 왕하 1:10 엘리야가 오십부장에게 대답하여 가로되 내가 만일 하나님의 사람이면 불이 하늘에서 내려와서 너와 너의 오십인을 사를지로다 하매 불이 곧 하늘에서 내려와서 저와 그 오십인을 살랐더라 2:24 엘리사가 돌이켜 저희를 보고 여호와의 이름으로 저주하매 곧 수풀에서 암콤 둘이 나와서 아이들 중에 사십이 명을 찢었더라

한 신체적 특징이 언급된다(1:8 '털이 많음'; 2:23 '대머리').

에녹 이야기에서 승천이 간접적인 표현인 하나님께서 데려갔다(לקח)를 사용한 반면 엘리야 이야기에서는 위로 올라갔다(עלה)라는 동사를 채용하고 있다. 뿐만 아니라 에녹 이야기에서는 볼 수 없는 구체적 묘사들이 언급되고 있다. 불수레, 불말, 회오리 바람이 등장하며 승천의 증인이 있는 등 아주 상세하고 시각적인 특성을 보여주고 있다.

B. 승천의 동인

2:9에서 엘리야는 엘리사에게 "나를 네게서 취하시기 전에 내가 내게 어떻게 할 것을 구하라"고 한다. 이에 엘리사는 "당신의 영감이 갑절이나 내게 있기를 구하나이다"라고 요청한다. 그리고 다시 엘리야는 "네가 어려운 일을 구하는도다 그러나 나를 네게서 취하시는 것을 네가 보면 그 일이 네게 이루려니와 그렇지 않으면 이루지 아니하다"라고 응답한다. 구약의 다른 승천 이야기인 에녹 이야기와는 달리 엘리야의 승천 이야기는 엘리사와의 관련성 속에서 언급되고 있다. 즉 선임 예언자인 엘리야를 적절하게 계승하는 정당성의 근거를 제공하고 있다. 2:10의 엘리야의 발언과 2:11의 엘리야 승천을 엘리사가 "보고"라는 언급을 통해 이 점을 분명히 한다. 뿐만 아니라 1장과 2장의 문학

적 구조는 '계승의 합법성 증명'이라는 모티브에 공헌하고 있다.
즉 두 장은 엘리사의 '계승 내러티브'(succession narrative)를 형
성한다. 이와 같은 증거는 이 부분이 엘리사 자료의 일부분임을
보여주는 것이라고 할 수 있다.

C. 유사 승천 이야기

왕하 1, 2장의 내용과 구조를 보면 엘리야-엘리사의 관계가
모세-여호수아의 이야기를 상기시킨다.[116] 폭넓은 일치점이 이
내러티브들 사이에서 드러난다(왕하 2장; 출 14장; 수 3장). 이
유사성은 단순히 용어적 차원을 넘어선다. 엘리야-엘리사의 관
계는 모세-여호수아의 관계와 아주 비슷하다. 그리고 두 계승
자는 모두 유사한 방법으로 지명된다.[117] 게다가 요단강을 건너
는 장소가 동일하며, 베델, 길갈, 그리고 여리고 등의 언급이 둘
다에 공통적으로 나타난다.[118]

D. 승천 이야기의 기능

무엇보다도 '계승 합법성 증명'의 기능이 가장 부각된다. 스.

---

116) Hobbs, *2 Kings*, 19.
117) 민 27:18-23과 왕상 19:15-21을 비교.
118) H. J. Kraus, *VT* 1 (1951): 190-191.

승의 승천을 보는 것(2:11), 스승의 발자취를 따라 그 사역을 위한 여행에 착수(2:13; 참조 왕상 19:19), 그리고 기적을 행하므로 계승을 확증한다(2:14). 결국 엘리야 승천 이야기의 기능은 한 예언자의 삶과 사역의 마지막과 그 추종자의 계승을 정당화해주고 있다.

E. 승천 내러티브와의 병행

누가복음이 열왕기의 엘리야와 엘리사 전승에 크게 의존하고 있다는 주장들이 많이 제기되었다.[119] 말라기 3:23 이하와 시락서 48:10에 따르면 '죄로 말미암아 하나님으로부터 멀어진 하나님의 백성의 완전한 회복, 즉 회개의 설교를 통한 내적 회복, 그리고 열두 지파의 복구를 통한 하나님의 백성의 외적인 회복'을 위한 엘리야의 과제가 제시되어 있는데 이를 바로 예수가 성취하셨다는 것이다.[120]

누가가 제시한 예수 사역의 세밀한 부분에서도 예수의 사역은 엘리야 사역과 병행을 이룬다. 에반스(C. A. Evans)에 따르면 이 병행은 예수 사역 전반에서 4회에 걸쳐 발견된다.

---

119) 이에 대해서는 C. A. Evans, "Luke's Use of the Elijah/Elisha Narratives and the Ethic of Election", *JBL* 106 (1987): 75-83; T. L. Brodie, "Towords Unraveling Luke's Use of the Old Testament: LUKE 7.11-17 as an Imitatio of I King 17:17-24", *NTS* 32 (1986): 247-267. 이러한 병행은 신명기와의 비교를 통해서도 제시되곤 한다.

120) Evans, "Luke's Use of the Elijah/Elisha Narratives", 75-83.

그 첫째는 눅 4:25－27이다. 여기서 예수는 나사렛 회당의 설교를 하시며 엘리야와 엘리사의 이야기, 즉 사렙다의 과부와 수리아의 나아만을 언급하시며 이방인들까지도 하나님의 축복을 받을 수 있음을 제시한다.[121]

둘째는 눅 7:11－17로서 이는 왕상 17:17－24 및 왕하 4:32－37과 병행한다. 이를 구체적으로 보면 본문에서 등장하는 '나인성'은 왕하 4:8의 '수넴성'과, '과부'는 왕상 17:9, 17과, '죽은 아이들이 독자라는 사실'은 왕하 17:17과, '그를 어미에게 돌려주었다'라는 표현은 왕상 17:23과 '예언자의 현존을 인정하는 백성들의 외침'은 왕상 1:24과 병행을 이루고 있다.[122]

셋째는 눅 9:52－55이다. 사마리아 사람들이 예루살렘으로 여행 중인 예수를 영접하지 않았을 때 제자들이 예수에게 하늘로부터 불을 내려 사마리아 사람들을 태워 버리자고 제안한다. 이것은 왕하 1:9－16을 반영하는 것이다.[123]

넷째는 눅 9:61－62로서 예수께서 '또 다른 사람'을 향하여 하시는 말씀이 왕상 19:19－21과 어휘적 병행을 이룬다. 이는 누가의 본문이 왕상 19:19을 반영하고 있음을 보여준다.[124]

이상에서 언급된 네 가지 병행은 엘리야와 엘리사－예수와

---

121) Evans, "Luke's Use of the Elijah/Elisha Narratives", 78－79.

122) Evans, "Luke's Use of the Elijah/Elisha Narratives", 79－80.

123) 이것은 당시의 반사마리아적 관점을 보여주는 본문이다. 예수는 이에 제자들을 꾸짖는다(55절). 이것은 사마리아 사람들도 구원의 대상임을 강조하는 누가의 의도로 이해된다. 김득중, 『누가의 신학』, 222 참조.

124) Evans, "Luke's Use of the Elijah/Elisha Narratives", 81－83.

제자들의 유형에서 관찰할 때에도 거의 유사한 병행을 이룬다. 예를 들면 제자의 부름들이 예수와 엘리야에게서 서로 병행하고 스승과 제자 사이의 죽은 자를 살리는 이적들도 병행을 이룬다. 뿐만 아니라 이러한 병행은 예수의 승천 장면, 그리고 오순절 사도들에게 임한 성령과 엘리사의 성령 충만함은 역시 중요한 병행이 된다.[125] 이러한 병행들 가운데서 승천과 관련한 병행은 대단히 치밀한 일치를 이룬다.

〈표 3〉 예수와 엘리야 승천 이야기의 병행 요소

	예수의 승천	엘리야의 승천
승천의 때	예수가 승천의 때를 알고 있었음 (눅 24:51)	엘리야가 승천의 때를 알고 있었음 (왕하 2:1, 9)
장소	제자들을 데리고 베다니로 나아가심 (눅 24:51)	엘리사를 데리고 요단을 건넘
행위 1	승천 시 제자들이 함께함(행 1:10)	승천 시 엘리사가 함께함(왕하 2:11)
행위 2	승천 장면을 제자들이 지켜봄(행 1:10)	엘리야 승천 장면을 엘리사가 지켜봄 (왕하 2:11)
행위 3	제자들이 예루살렘으로 돌아옴 (행 1:12)	엘리사가 여리고로 돌아옴(왕하 2:14)

이상에서 검토한 대로 누가는 그의 문서를 기록하는 과정에서 엘리야 동기를 염두에 두고 있었으며 승천 내러티브 역시 이러한 상호텍스트적 영향하에서 이해해야 할 필요가 있음을 확인시켜준다.

---

125) Evans, "Luke's Use of the Elijah/Elisha Narratives", 83.

3. 에녹의 승천 이야기

A. 맥락과 용어

창세기 5장에는 홍수 이전 아담 자손의 계보가 소개되고 있다. 에녹의 계보는 특수하고 간결한 묘사로 신비감을 더해준다.[126] 구원사적 시대 구분과 수적(數的) 체계를 보여주는 가운데 이 계보는 독특한 진술들로 에녹 계보를 묘사한다.[127] "하나님이 그를 데려가시므로 세상에 있지 아니하였더라"(24절)라는 표현으로 에녹이 승천한 것으로 알려졌다.[128] '데려가다'라는 동사 לָקַח는 피안세계로의 옮겨짐을 표시하는 전문적 신학용어이다.[129] 이와 더불어 칠십인 역(LXX)에는 그 동사가 μετετέθη로 번역되었다.[130]

---

126) G. von Rad, 『창세기』 (서울: 한국신학연구소, 1993), 75.

127) 폰 라트는 계보 형성의, P문서의 문학적 과정을 다음과 같이 추정한다. "단지 계보, 목록, 그리고 기껏해야 아주 짧은 신학적 언급으로 구성되어 있는 〈족보의 책 Toledotbuch〉이 과거 어느 때엔가 있었는데 그 책의 고대적인 서두는 현재 창세기 5장 1절에 보존되어 있다. 이 책은 P문서의 가장 오래된 토대를 형성하고 있는데, P문서는 이 책을 토대로 해서 매우 다양한 종교적 전승들을 포함시키는 계획적인 확대에 의해 서서히 성장된 것이다." 이 계보 목록과 바빌론 태고 시대의 10왕들의 목록(홍수 이전까지 통치함) 사이의 연관성이 지적된다. "바빌론 전승은 제7대 왕이 잠시 동안 신들에게로 옮겨 가서 신들의 비밀에 참여했으며(=에녹) 제10대 왕은 홍수 민담의 영웅이었다고 말해준다." von Rad, 『창세기』, 74-75.

128) 또한 폰 라드는 에녹과 노아 사이의 관계를 옛 에온과 새 에온의 맥락으로 본다. 즉 에녹은 "지나간 시대 에온의 빛을 비춤으로써 보다 과거를 향해 있다면, 29절에 있는 노아의 위로에 대한 라멕의 말은 철저히 미래를 향해, 앞을 향해 있다." von Rad, 『창세기』, 76. 이에 의하면 에녹의 승천은 시대의 분기점을 표시하는 중요한 상징이 되는 것이다.

129) von Rad, 『창세기』, 75. 열하 2:10; 시편 49:16 참조. 여기에서 폰 라드는 에녹 계보 부분이 더 큰 전승의 일부라고 추정하며, 따라서 묵시문학의 에녹 전승이 더 고대적이지 않은가를 묻고 있다(75-76).

130) 신약 히 11:5의 에녹 언급에도 이 용어가 사용되고 있다. 문자적으로 이 용어는 다른 곳으로의 이동,

B. 승천의 동인(動因)

‘데려가다’라는 동사 חקל의 사용을 통해서 에녹이 승천했다고 볼 수 있는 근거는 무엇인가에 주목할 필요가 있다. 본문은 22절과 24절에서 그것을 명시한다. “하나님과 동행하며”(walked with God, 22절), “하나님과 동행하더니”(walked with God, 24절). 구약에서 이 표현은 밀접한 동반 관계를 나타내며, 무엇보다도 인간의 참된 돌이킴은 새로운 자각을 가져오는 깊은 체험의 결과로서 온다는 것을 지시한다.[131] 결국 하나님과의 친밀한 교제의 사실이 그를 피안적 삶의 영역으로 이동시킨 동인으로 제시된다. 그러나 여기에서 주체가 인간이지 않음을 분명히 해야 한다. 이것은 “홍수 이후에 사는 인류에게는 죽음의 힘에 의해서도 한정되지 않는 하나님의 능력과 신적 선택의 자유에 대한 표징이 된다.”[132]

C. 유사 승천 이야기들

에녹의 승천 동인인 하나님과의 친밀한 교제가 언급되는 승천이야기가 성서 이외의 예에도 나타난다. 고대 바빌론의 10왕

움직이다, 이송하다, 변화하다 등의 의미를 갖는다. *EDNT* 2, 419; C. Maurer, *TDNT* Ⅷ, 161 참조.

131) Walter Russel Bowie, “Genesis”, *The Interpreter's Bible* Ⅰ, 530.

132) von Rad, 『창세기』, 75.

목록과 길가메쉬(Gilgamesh) 서사시[133]에 신과 인간 사이의 관계를 그 원인으로 승천하는 이야기가 나온다. 고대 바빌론의 10왕 목록의 일곱 번째 왕 에베도란코스(Ebedoranchos)가 아누(Anu)와 벨(Bel) 신의 남다른 사랑을 받았던 자라는 것이다.[134]

길가메쉬 서사시에도 유사한 언급이 나온다. 키소우트로스(Xisouthros)가 배에서 나온 뒤 갑자기 사라져버렸는데 배에 남아서 그를 찾던 사람들은 갑자기 하늘에서 들려오는 음성을 듣게 되었다. 그리고 그는 경건한 사람이었기에 신들과 함께 살기 위해 하늘로 올리워진 것으로 서술된다.[135] 결국 이 두 승천 이야기는 신과 인간 사이의 관계가 승천의 동인임이 유사하게 나타난다.

D. 승천 이야기의 기능

이상의 검토에서 보는 것처럼, 승천의 기본적인 동인은 '하나님과 인간 사이의 특별한 관계'에 있음이 드러났다. 이것은 유사 승천 이야기들에서도 공통적으로 나타남을 보았다. 그렇다면 에녹 승천 이야기는 본문에서 어떤 특정한 기능을 수행하는가를 밝혀야 한다. 위의 분석을 토대로 다음과 같이 정리할 수 있

---

133) C. Westermann, *Genesis* I (Minneapolis: Ausburg Publishing House, 1984), 395.
134) J. Skinner, *Genesis*, ICC 1 (Edinburgh: T&T Clark, 1980), 131.
135) Westermannn, *Genesis* I, 395.

다. 첫째, 하나님과 인간의 특별한 관계의 확증(여기서 주도권은
물론 하나님에게 있다), 둘째, 죽음을 넘어서는 '하나님의 능력'
과 '신적 선택의 자유'를 표징, 셋째, 옛 에온과 새 에온의 구분
이다.

이상의 동기 분석을 통해 살펴본 결과를 요약하면 다음과 같
다. 시락 동기는 축복 모티브와의 의미 관련을 통해 축복은 축
복하는 자의 신적 존재로의 변화를 보여주고 있다. 이러한 축복
의 장면은 구약 여러 곳에서 발견된다. 이것은 예수의 축복행위
의 의미를 올라가는 분은 그에게 속한 사람들을 하늘로부터 오
는 하나님의 구원 활동에 맡긴다는 의미를 부각시킨다.

엘리야 동기는 무엇보다도 '계승 합법성 증명'의 기능이 가장
부각된다. 스승의 승천을 보는 것(2:11), 스승의 발자취를 따라
그 사역을 위한 여행에 착수(2:13; 참조 왕상 19:19), 그리고 기
적을 행하므로 계승을 확증한다(2:14). 결국 엘리야의 승천 이야
기의 기능은 한 예언자의 삶과 사역의 마지막과 그 추종자의 계
승을 정당화해주고 있다.

에녹 동기는 무엇보다도 하나님과 인간의 특별한 관계의 확
증이라는 모티브를 보여준다. 그리고 죽음을 넘어서는 '하나님
의 능력'과 '신적 선택의 자유' 및 옛 에온과 새 에온의 구분을
인식하게 하는 기능을 수행하고 있다.

이상과 같이 누가는 그의 예수 이야기를 전하면서 여러 모티

브를 그의 문학적 저장소(literary repertorie)로 활용하고 있다. 특히 누가-행전의 승천 내러티브는 여러 면에서 엘리야 모티브와 일치함은 살펴본 바와 같다. 예수와 제자들의 유형은 엘리야와 엘리사의 관계 유형과 대비되어 있다.136) 이처럼 누가는 구약의 떠남과 시락서 그리고 엘리야 전승과의 상호성을 유지하며 나름대로 승천 이야기를 작성함으로 그의 목적에 부합되게 내러티브를 이끌어 가고 있다.

---

136) 특히 엘리야는 누가복음에서 특별한 인물로 나타난다. 예수의 처음 설교 때에 엘리야 이야기가 인용되고(눅 4:25-26), 나인성에서 과부의 아들을 살린 일은 엘리야가 사렙다 과부를 살린 일과 유사하며(눅 7:11-17), 예수가 제자들에게 자신에 대한 평가를 물었을 때 엘리야라는 대답이 제시되었던 일(눅 9:18-19), 그리고 변화산에서 엘리야가 나타났던 일(눅 9:28-30) 등 예수와 엘리야가 계속 대비되고 있음을 볼 수 있다. 따라서 예수의 승천 이야기가 엘리야의 승천 이야기와 유사한 것은 이와 같은 예수와 엘리야의 대비의 마지막 단계라고 볼 수 있다. 그 이후는 예전과 같은 예수의 모습은 보이지 않는다. 제자 공동체와 함께(존재)하던 예수는 이제 공동체의 모든 사역에 현존재로 관계한다. 승천은 이런 변화의 분기점을 보여준다. 이런 대비에 대해서는 엘리야 동기 분석에서 언급된 문헌들 외에 다음을 참조. Thomas L. Brodie, "Luke-Acts as an Interpretation and Emulation of the Elijah-Elisha Narrative", in *New Views on Luke and Acts*, E. Richard, ed. (College ville: Liturgical Press, 1990), 78-85; R. E. Brown, "Jesus and Elisha", *Perspective* 12 (1971): 85-104.

Ⅲ. 누가 공동체의 사회적 맥락

　방법론에서 언급한 바대로 텍스트에 대한 상호텍스트적 읽기는 본문과의 연대의 수준에서 머무르는 것이 아니라 상호맥락적 차원(intercontextual dimension)을 포함하는 것인데, 이는 위에서 분석한 텍스트 내부의 문학 전략들 사이의 상호성에 대한 고려뿐 아니라 한 텍스트를 읽는 독자들의 사회적 위치(social location)를 통한 텍스트 이해라는 과제를 우리에게 부여한다. 이를 위해서 우리는 우선 누가-행전의 세계가 두 가지 차원의 접근을 요구하고 있음을 기억할 필요가 있다. 즉 내러티브의 서사 세계는 분명 팔레스틴 유대교의 세계이지만, 누가-행전을 읽는 독자의 세계가 헬라의 도시 세계임은 누가-행전의 본문들을 통해 드러나고 있다.

　이와 같은 배경과 맥락을 고려하는 연구들은 최근 늘어나고

있는 추세이다. 그러나 이 접근들을 수용하는 저술들의 문제점
은 예수 내지는 공동체가 그러한 문학적 사회적 맥락들을 사용
했다는 데 그치고 만다. 이것은 서사 세계의 맥락(팔레스틴 유
대교: 유대 정결 체제)과 수신자 공동체의 맥락(헬라 도시 세계;
명예와 수치, 후견인 체제를 중심하는 사회 네트워크)을 구분하
지 않는 데서 오는 한계에 기인한다. 이를 구분하게 되면 오히
려 그런 체제에 대한 이용이 아니라 그 체제에 대한 비판과 대
안인 '계승' 주제로서의 승천 모티브의 의미를 이해할 수 있게
된다.137)

따라서 우리는 각각의 기본적 가치 세계를 살펴볼 필요가 있
다. 이 세계들은 내러티브의 전개와 독자의 상호텍스트적 읽기
를 위한 중요한 기반들이 되며, 내러티브의 의미를 바르게 읽는
데 필수적인 지식이 된다.138)

---

137) 윤철원, 『신약성서의 그레꼬-로마적 읽기』, 105-125 참조.

138) 이를 위해서 다음의 문헌들이 유용한 지침이 된다. Bruce J. Malina, *The New Testament: Insights from Cultural Anthropology* (Westminster: John Knox Press, 1993); 심상법 옮김, 『신약의 세계: 문화 인류학적인 통찰』 (서울: 솔로몬, 2000); Jerome H. Neyrey, ed., *The Social World of Luke —Acts: Model for Interpretation* (Peabody, Massachusetts: Hendrickson Publishers, 1991); Richard L. Rohrbaugh, ed., *The Social Sciences and New Testament Interpretation* (Peabody, Massachusetts: Hendrickson Publishers, 1996); John J. Pilch and Bruce J. Malina, ed., *Handbook of Biblical Social Values*; 이달 옮김, 『성서 언어의 사회적 의미』 (서울: 한국장로교출판사, 1998); 윤철원, 『신약성서의 그레꼬-로마적 읽기』 (서울: 한들출판사, 2000); J. E. Stabaugh and D. L. Blach, 윤철원 역, 『초기 기독교의 사회세계』 (서울: 한국신학연구소, 2000). 이에 대해서 존슨의 다음과 같은 언급을 기억할 필요가 있다. "For one thing, social-scientific approaches tend to privilege etic or outsider discourse rather than insider or emic discourse." Luke Timothy Johnson, *Religious Experience in Earliest Christianity: A Missing Dimension in New Testament Studies* (Minneapolis: Fortress Press, 1998), 24. 이것은 상당히 유용한 지적일 수 있다. 그러나 텍스트에 대한 사회과학적 접근만을 놓고 볼 때 타당한 이야기이다. 상호텍스트적 읽기는 바로 이 점을 통합적인 관점에서 바라보게 해준다.

1. 내러티브의 세계: 정결 제도

내러티브의 세계는 실제 사건이 일어났다고 인정되는 이야기 시간의 순서가 반영된 실제의 사회적 배경을 말한다.[139] 예수 이야기에 비추어볼 때 예수가 누가복음의 여러 종교 지도자들과 갈등을 야기하는 것은 자주 지적되었다. 킹스베리는 누가복음의 예수 플롯은 인간적인 차원에서 중요한 갈등을 포함하고 있는데 그 중요한 상대자가 바로 예수와 이스라엘, 특히 종교 지도자들 사이에서 일어나고 있음을 적절히 지적했다.[140] 이러한 갈등을 유발시키는 사회적 세계는 팔레스틴 유대교이다. 여기에서 갈등을 일으키는 문제들이 다름 아닌 "정결"(purity)과 연결되고 있다.

정결규례는 자신을 포함해서 주변 요소들을 어떤 규칙적인 방식으로 위치시키는 것을 가능케 해준다. 이 질서는 사람, 사물, 시간, 그리고 공간에 대한 경험을 의미 있게 만드는 것을 용이하게 해준다. 정결규례는 누가 또는 무엇이 제자리에 있는지 아니면 제자리를 벗어났는지, 즉 제 단계에 있는지 아니면 제

---

139) 이야기 시간이란 이야기 세계를 만들어 가는 과정에서, 내포 저자가 염두에 두고 있는 실제 사건발생의 순서를 말한다. 반면에 서사 시간이란(담론 시간discourse time이라고도 한다) 화자가 독자들을 위해 제시하는 사건 순서의 묘사를 말한다. 서사 시간이 이야기 시간과 일치하는 경우도 있겠지만, 이 둘이 동일한 것은 아니다. Culpepper, *Anatomy*, 89; Powell, *Narrative Criticism*, 73을 참조.

140) J. D. Kingsbury, ed., "The Plot of Luke's Story pf Jesus", in *Gospel Interpretation: Narrative – Critical & Social–Scientific Approaches* (Harrisburg, Pennsylvania: Trinity Press International, 1997), 155.

단계를 벗어났는지를 지적해준다.[141] 정결규례의 부분집합은 신성한 것과 신성하지 않은 것, 배타적인 관계들, 우리에게 개인적으로 영향을 미치고 있는 사람, 사물, 시간 및 공간, 그리고 우리의 직접적인 관심을 벗어나 있는 것들을 다룬다.

포로기 이후의 이스라엘은 하나님의 신성함을 결혼을 통한 사람들의 범주의 견지에서, 성전 예배에서의 공간의 견지에서, 그리고 희생제사에서의 사람과 사물의 견지에서 묘사했다. 예수께서는 곧 오실 메시아로 여겨졌기 때문에, 예수의 죽음과 부활에 의해 진행된 기독교 운동은 이스라엘의 정결 규례를 고려해야만 했다. 뿐만 아니라 정결 규례는 예수의 비판이 보여주는 것처럼 사람이 믿는 하나님의 모델을 상징하기 때문에, 그것은 이스라엘이 구별되는 방식과 관련이 있었다. 예수께서 경험하신 것으로부터 파생된 하나님에 대한 새로운 모델을 가진 그리스도인들은 당대 문화의 거룩한 모든 것들을 재평가했으며, 성전 또는 그리스도 안에서 하나님께 직접적인 접근을 갖게 된 거룩한 백성(또는 공간)과 유사한 그들의 집단에 근거해서 거룩한 것들에 대한 새로운 규례를 확립하기 시작했다.[142]

복음서의 초기 전승들에 주목한다면, 예수께서는 치료하시고

---

141) 정결에 대한 의미를 오염(汚染)과 불결(不潔)의 개념으로 정립한 메리 더글러스의 저작들은 이스라엘 정결체계의 내포와 외연 사이의 경계들을 이해하는 데 큰 도움을 준다. Mary Douglas, *Purity and Danger: An Analysis of Concepts of Pollution and Taboo* (London: Routledge and Kegan Paul, 1966) 참조.

142) Malina, 『신약의 세계: 문화 인류학적인 통찰』, 295–296.

가르치셨다는 것을 아주 분명히 알 수 있다. 그의 치유사역은
흔히 정결규례에 의하면 흠이 있는, 따라서 이스라엘의 다른 거
룩한 백성들과 사회적인 관계가 불가능한[143] 사람들에게 행해
졌다. 또한 그의 치유사역은 일종의 영구적인 불구 때문에 또는
온전성이 결여된 것 때문에 성전과 희생제사에서 금지된[144] 사
람들에게 행해졌다. 이러한 치유들은 빈번하게 거룩한 시간, 대
체로 안식일의 역할과 기능에 관련되어 있다.[145] 안식일에 치유
사역을 행하심으로써 예수께서는 안식일의 의미에 대한―따라
서 시간에 적용된 정결규례의 의미에 대한―논쟁을 야기하신다.
이것은 물론 공간과 사람에 적용된 정결규례의 의미에 관한 질
문들을 포함하고 있다. 왜냐하면 그러한 규정들은 서로를 복제
하고, 한 곳에서의 변화는 다른 곳에서의 변화를 요구하기 때문
이다.

이러한 논쟁에서 예수께서는 포로기 이후에 이스라엘의 전형
적인 방어적 결혼전략을 당연하다고 여기시는 것처럼 구약성경
의 정결규례에 제시되어 있는 경계선들의 체계를 받아들이신다.
그러나 그가 의문시하는 것은 이러한 규정들의 사회적인 일반
적인 목적과 그 목적에 따른 해석 방식이다. 본래 정결규례의
목적은 정결한 자와 거룩한 자로 상징되는 하나님의 백성의 더

---

143) 문둥병자들, 막 1:40; 눅 17:11―19; 혈루증 앓는 여인, 막 5:25―34 등.

144) 귀신들린자, 중풍병자, 불구자, 소경 등.

145) 막 1:21―27; 3:1―6; 마 12:1―14 등.

큰 부분들을 하나님께 대한 접근으로부터 제거해버리고자 하는 것이 아니다. 오히려 정결 규례는 하나님께 대한 접근을 용이하게 해야 한다. 즉 정결규례는 하나님께 대한 접근을 더 쉽게 만들어야 하며, 그것을 막아서는 안 된다. 다시 말해서 "안식일은 사람을 위하여 있는 것이요 사람이 안식일을 위해 있는 것이 아니니"(막 2:27)라고 했다.[146]

요약하면, 출생에 근거해서 정결한 그리고 불결한 사람들, 어느 정도는 인간의 범주를 복제한 정결한 그리고 불결한 동물들, 거룩한 그리고 속된 공간, 그리고 경계선들을 넘어가는 절차들에 대한 이스라엘의 모든 모델들은 모두 다 예수의 생애 동안에 관련된 이스라엘 엘리트 계급의 사람들과 비엘리트 계급의 사람들 사이에서 행해지고 있었던 것 같다. 그러한 정결 규례는 암시적이고 명시적인 경계들을 형성했는데, 그 경계들을 통해서 사람과 사물이 제2성전 이스라엘에서 그 위치가 정해졌다. 그러나 예수가 죽으시고 부활하신 지 얼마 지나지 않아 초기 기독교 공동체들은 예수를 권능으로 임하실 메시아로 받아들이는 다른 민족 집단의 구성원들을 위해서 정결 배열들을 거부했다. 그러나 이스라엘의 신념에 따르면 메시아는 이스라엘 사회를 하나님이 주신 정결 배열로 변화시키기 위해서 하나님의 백성들에게 오실 것이라고 믿었다. 이스라엘의 정결 배열 없이 예수를

---

146) Malina, 『신약의 세계: 문화 인류학적인 통찰』, 283-284.

메시아로 받아들이는 것은 하나님의 뜻을 저버리고 하나님에 의해 제정된 후원자-의뢰인(patron-client)이라는 상호작용의 질서를 거부하는 것을 의미했다. 그리고 주후 70년에 예루살렘 성전이 파괴되면서[147] 거룩한 중심 중의 중심은 예전처럼 거룩한 공간으로 구분되지 않았으며, 이스라엘 정결규례를 '그리스도 안에서'(in Christ) 이스라엘 사람들에게 선택적인 것으로 간주한 바울이나 그의 동료들 같은 그리스도인들의 정당성을 옹호하는 것으로 간주되었다.[148]

누가-행전에는 이러한 정결에 대한 이해를 중심으로 예수와 공동체가 당대의 종교와 정치 지도자들과의 갈등을 지속한다.[149] 예수와 공동체의 플롯에 지속되는 이러한 거룩에 대한 기존의 관점과 새로운 해석의 문제는 승천 내러티브의 이해를 위해 중요한 단서들을 제공한다.

---

147) 그 이후에 복음서들 기록들의 대부분이 쓰였음을 상기할 필요가 있다.

148) Malina, 『신약의 세계: 문화 인류학적인 통찰』, 282.

149) 이러한 갈등에 대한 이해는 여러 관점에서 지속적으로 언급된 바 있다. 문학적 관점에서 누가복음의 갈등 플롯을 자세히 분석한 것으로는 Jack Dean Kingsbury, *Conflict in Luke: Jesus, Authorities, Disciples* (Minneapolis: Fortress Press, 1991)을 볼 것. 그리고 누가-행전의 정결 문제에 대해서는 Jerom H. Neyrey, ed., "The Symbolic University of Luke-Acts: They Turn the World Upside Down", in *The Social World of Luke-Acts: Model for Interpretation* (Peabody, Massachusetts: Hendrickson Publishers, 1991), 271-304; *idem*, "Ceremonies in Luke-Ats: The Case of Meals and Table-Fellowship", in *The Social World of Luke-Acts: Model for Interpretation* (Peabody, Massachusetts: Hendrickson Publishers, 1991), 361-387.

2. 헬라 도시 세계의 핵심 가치: 명예와 수치

누가-행전 속 독자의 세계가 헬라 도시 체제를 반영한다는 사실은 많은 학자들에 의해 인정되고 있다. 명예와 수치(Honor and Shame)는 고대와 현대의 지중해 세계의 공적 영역에서 핵심적인 역할을 수행한다.[150]

이들은 일반적으로 지중해 세계와 성서에서도 핵심적인 가치이다. 명예는 공적으로 승인된 가치에 대한 주장이다. '명예를 가진다'는 말은 공적으로 승인된 가치를 가진다는 것이다. '명예롭게 된다'는 것은 이러한 가치를 부여받거나 그것 때문에 환호를 받게 되었다는 뜻이다. 수치는 명예에 대한 반대어로서 공적으로 부인되고 철폐된 가치에 대한 주장이다. '수치를 당하다'라는 말은 언제나 부정적이다. 그것은 부인을 당하거나 명예를 떨어뜨리게 되는 것을 의미한다. 다른 한편, '수치를 가진다'는 말은 항상 긍정적인 의미가 있다. 그것은 어떤 사람이 자기의 명예에 관심을 가지고 있음을 뜻한다. 모든 인간은 수치를 가지고자 원하며, 아무도 수치를 당하기를 바라지 않는다.

명예는 일차적으로 집단 가치이다. 한 집단의 개인 구성원들은 그 집단의 명예를 공유한다. 친족집단은 그들의 명예로운 조

---

150) Halvor Moxnes, "Honor and Shame", in *The Social Sciences and New Testament Interpretation*, ed. R. L. Rohrbaugh (Peabody, Massachusetts: Hendrickson Publishers, 1996), 19.

상들로부터 명예를 상속받고 있다고 말할 수 있다. 이 상속된 명예는 현재 세대인 남성과 여성에 의해서 유지되고 방어되어야만 한다. 그럼에도 불구하고 친족 집단과 성(gender)에 기초한 사회라는 틀 안에서 명예는 성인 남성에 의해 구체화된 가치인 반면(긍정적인), 수치는 성인 여성에 의해서 구체화된 가치이다. 개인 남성들은 공적인 경쟁에서 명예를 획득해야만 한다. 그것은 동료들 앞에서 주장되고 획득되고 방어되어야만 한다. 명예는 힘, 용기, 대담함, 용맹, 관용, 그리고 지혜를 포함하는 가치 표현 어휘들과 연계되어 있다. 연약함, 겁, 관용의 결핍은 명예가 결여된 것을 의미하고, 그렇기 때문에 경멸된다. 이 가치 표현 용어들과 그것을 지지하고 있는 명예는 모든 사람이 다른 모든 사람을 알고, 모두가 명예를 '똑같이' 가지고 있으며, 개인은 집단을 통해서만 존재하고, 그리고 친족 법칙이 지배하는 작은 집단에서 가장 심도 있게 실현된다.

그러나 명예와 수치라는 용어는 그 내용이 실제적인 사회적 행위로부터 연역되어야만 하는 매우 상황적인 단어들이다. 다른 말로 하면, 우리는 명예가 최고의 가치인 곳에서 공적인 치욕은 죽음보다 나쁜 운명이라고 말할 수 있는 반면에, 우리는 여전히 주어진 사회집단이나 사회에서 무엇이 명예로운 행위로서 간주되는지를 설명해야만 하는 것이다.

이스라엘이 명예를 주장함은 주에 대한 특별한 관계(사 43:1 −

7), 즉 하나님이 이스라엘 편이라는 증거(사 44:1-8)이다. 이러한 주장은 하나님이 그의 선택한 백성에게 지속적인 관심을 가지고 있다는 증거에 의존한다. 의로운 사람이 명예를 주장함은 하나님의 도우심을 의지하기 때문에 하나님과의 특별한 관계를 가지고 있다는 증거가 된다(시 54-55편).[151]

이에 따르면, 승천은 예수의 명예 주장이라고 말할 수 있다. 왜냐하면 십자가의 수치가 '승천'을 통해 수치를 넘어서는 하나님과의 특별한 관계를 드러내고 있기 때문이다. 그리고 이 승천 이후에 제자들의 변화된 태도는 이를 증명하고 있다(눅 50:24-53 참조). 부활-현현에서는 제자들의 완전한 변화가 이루어지지 않았다. 승천 이후에야 비로소 예수의 명예회복이 확증(가시적, 그리고 '하나님의 오른편'이라는 표현을 통해)되고 있기 때문이다.

---

151) 이러한 하나님과의 특별한 관계와 명예의 연결은 우리에게 에녹 승천 이야기의 승천 동인을 상기시켜 준다. 에녹 역시 하나님과의 특별한 관계를 통해 승천하게 된다. 그렇다면 승천은 이와 같은 명예 표상의 하나로 볼 수 있을 것이다.

PART III
예수의 승천과 계승현실의 구축: 누가복음

누가복음 전체의 플롯 전개에 승천 내러티브가 관련되는 특징을 분석하기 위해 우리는 먼저 플롯이란 용어의 의미를 명확히 할 필요가 있다. 플롯(Plot)에 대한 논의는 고대 세계로 거슬러 올라가야 할 만큼 오래된 것이다.[152] 하지만 그에 대한 정의는 일치점을 찾지 못했다. 플롯에 대한 최근의 가장 간명한 정의는 포스터(E. M. Forster)에게서 찾아볼 수 있다. 그는 인과성을 중심으로 말한다. "왕이 죽었다. 그리고 왕비도 죽었다"는 플롯이 아니다. "왕이 죽었다. 그리고 그때 슬픔으로 왕비가 죽었다"는 플롯이다.[153]

리몬－케넌(S. Rimmon－Kenan)은 포스터의 정의에 반대했다. 앞의 예에도 내포적 플롯으로 그것을 이끌 인과성이 나타나기 때문에 인과적 사고로 독자를 이끄는 데 충분하다는 것이다.[154]

---

152) Aristotle, *The Poetics*, trans. S. H. Butcher (New York: Hill & Wang, 1986).
153) E. M. Forster, *Aspects of the Novel* (San Diego: Harcourt, Brace, & Jovanovich, 1955), 16.

이 인과성 때문에 플롯에 대한 포괄적인 정의를 내리기 힘든 것이다. 크레인(R. S. Crane)은 포스터의 일차원적 플롯 정의에 반대해 '행위의 플롯'(plots of action), '인물의 플롯'(plots of character), 그리고 '사상의 플롯'(plots of thought)을 제안했다.[155]

에이브럼스(M. K. Abrams)는 간결하지만 포괄적인 정의를 제안했다. 플롯은 행위의 구조이며, 특별한 감정적, 예술적 효과들을 달성하기 위해 순서 지어진 것이다. 즉 그는 플롯이 텍스트의 '행동의 구조'라고 생각한다.[156]

끝으로 컬페퍼(Culpepper)는 이러한 정의들을 통해 다음과 같은 플롯의 특징들을 구별해냈다: 내러티브의 순서, 인과성, 통일성, 그리고 감화력.[157] 우리는 컬페퍼의 정의와 채트만이 제시한 플롯의 특징들을 기본 입장으로 수용하여 누가복음의 예수와 그의 승천 내러티브를 분석하도록 할 것이다.

---

154) Shlomith Rimmon-Kenan, *Narrative Fiction: Contemporary Poetics* (London: Methuen, 1983); 최상규 역, 『小說의 詩學』 (서울: 문학과 지성사, 1996), 34.

155) R. S. Crane, "The Concept of Plot", in *Approaches to the Novel*, ed. Robert Scholes (San Francisco: Chandler, 1961), 165.

156) M. H. Abrams, *A Glossary of Literary Terms*; 최상규 옮김, 『문학용어사전』 (서울: 보성출판사, 1991), 214.

157) R. Alan Culpepper, *Anatomy of the Fourth Gospel: A Study in Literary Design* (Philadelphia: Fortress Press, 1983); 권종선 옮김, 『요한복음 해부: 서사비평으로 보는 제4복음서』 (서울: 요단, 2000), 128-129. 또한 플롯 전략들의 중요한 개념과 용어들을 채트만의 견해로부터 차용할 것이다. Chatman, *Story and Discourse*. 플롯 전략들을 위해서는 49-238; 담론 분석을 위해서는 239-320을 참조.

Ⅰ. 계승현실의 핵심 주제들: 축복과 귀환, 천사와 하나님의 백성, 성전과 예루살렘

먼저 인과성을 중심으로 플롯에 접근해보자. 이야기의 끝에서 등장인물, 배경, 또는 상황을 상기시키는 것은 종결 패턴의 가장 일반적 유형 중의 하나이다. 이러한 인과성은 누가복음의 승천 내러티브에서 중요한 역할을 수행한다. 채트만은 인과성을 연쇄와 우연의 관계로 이해한다.

> 아리스토텔레스 이후로, 서사물에 있어서의 사건들은 상호연관적이며 구속되어 있고, 서로를 필요로 한다는 것이 주장되어 왔다. …… 고전적인 서사물에 있어서, 사건들은 분배되어 발생한다. 그것들은 원인에서 결과로 서로 연결되어 있으며, 결과가 다시 다른 결과의 원인이 되는 일이 마지막 결과에 이르기까지 계속된다.[158]

이런 입장을 토대로 우리는 승천 내러티브를 우선 시작 부분과 관련해 검토하고자 한다. 눅 1-2장의 문학적 특성이나 나머지 부분과의 관련성은 많은 이들에 의해 검토되었다. 하지만 누가복음의 승천 내러티브와 그 부분 사이의 관계를 검토하려는 조직적인 시도는 없었다.[159]

그를 위해서, 승천 내러티브(눅 24:50-53)는 복음서의 종결로서 주목될 것이다. 그리고 누가복음의 승천 내러티브가 열한 제자에게 있었던 마지막 현현(눅 24:36-49)과 밀접하게 연결됨이 검토되어야만 한다. 그것은 궁극적으로 부활설화(눅 24:1-53)의 구성요소이다.

복음서의 시작은 분명히 서문(1:1-4)이다. 그 본문은 누가의 이야기 세계를 독자에게 소개하고자 한다. 그런데 사실상 그 소개를 이야기의 서사시간 밖에서 하고 있다. 즉 엄격한 의미에서 내러티브는 스가랴와 엘리사벳 이야기가 언급되는 눅 1:5에 이르기까지는 시작되지 않는다. 그렇지만 눅 24:50-53은 부활 내러티브 속에 포함되어 있다. 승천 내러티브(눅 24:50-53)는 유아기 내러티브(1-2장)[160]에 긴밀하게 연결되어 있다. 그러므로

---

158) Chatman, *Story and Discourse*, 52-53.

159) 마이니어(Minear)와 브라운(Brown)은 콘첼만(Conzelmann)과 다른 여러 학자들에 의해 대중화된 삽입이론(interpolation theory)을 약화시키는 데 기여했다. Paul Minear, "Luke's Use of the Birth Stories", 111-130; R. E. Brown, *The Birth of the Messiah: A Commentary on the Infancy Narratives in Matthew and Luke* (Garden City: Doubleday, 1979).

160) 누가복음의 전반부(1:5-2:40)의 탄생설화에 대한 문학적 논의는 다양하게 제안되었다. 특히 그 부분에 나타나는 세례요한과 예수의 반복패턴(repetitive pattern)은 광범위한 주목을 받아왔다. 탄네힐(Tannehill)은 그의 저명한 누가-행전 연구서 중 첫째 권에서 이에 대한 치밀한 분석을 보여주고 있

승천 내러티브를 시작 부분과 비교하려 할 때, 우선 24:50−53
과 1:5−23 사이의 인과성을 탐구하는 것이 필요하다. 다음으로
는 24:36−53과 1:5−23 사이의 인과성이 탐구될 것이다. 그리
고 최종적으로 유아기 내러티브와 부활 내러티브 사이의 언어,
상황, 그리고 등장인물 그룹에 나타나는 유사성이 검토될 것이
다. 이런 과정을 통해 승천 내러티브(눅 24:50−53)의 특별한 의
미들이 드러나게 될 것이다.[161]

1. 축복과 귀환

누가복음의 첫 번째 에피소드에서 사가랴는 그의 제사장으로
서의 의무를 수행하지 못했다. 그는 그의 봉사를 인내하며 기다
리는 백성들을 축복할 수 없었다. 그는 말할 수 없고, 임무를 완
수하지도 못한 채 집으로 돌아갔다(1:22−3).

그가 나와서 저희에게 말을 못하니 백성들이 그 성소 안
에서 이상을 본 줄 알았더라 그가 형용으로 뜻을 표시하

다. Robert C. Tannehill, *The Narrative Unity of Luke−Acts: A Literary Interpretation*, vol. 1:
The Gospel according to Luke (Philadelphia: Fortress Press, 1986), 15−44. 특히 42−43쪽
에는 그 비교를 도식적으로 잘 보여주고 있다. 이 병행에 대한 다양한 입장들의 요약은 Brown, *The
Birth of the Messiah*, 248−253, 292−298, 408−410 그리고 Fitzmyer, *Luke I−IX*, 313−315에서
볼 수 있다.

161) 물론 우리는 전체 부활 내러티브가 누가 예수 이야기의 종결을 가져오는 것으로 의도되었다는 사실 또
한 고려할 것이다.

며 **그냥 벙어리대로 있더니** 그 직무의 날이 다 되매 **집으**
로 돌아가니라

복음서의 끝에서 예수는 제사장처럼 그의 손을 들고 역시 기
다리고 있는 그의 제자들을 축복했다. 결국 예수는 사가랴가 하
지 못한 것을 완수했던 것이다. 즉 그는 하나님의 백성을 축복
했다(눅 24:50). 그때 이루어지는 떠나가심(승천)은 예수가 '집'
으로 돌아감을 의미한다고 볼 수 있다(눅 24:51).[162]

예수께서 저희를 데리고 베다니 앞까지 나가사 손을 들어
저희에게 **축복하시더니** 축복하실 때에 저희를 **떠나 (하늘**
로 올리우)시니

스가랴가 완수하지 못한 제사장의 의례에 대한 예수의 완성
은 작품에서 인과성 효과를 이해하는 데 매우 적절한 부분이다.
인과성은 미해결의 문제들을 해결할 목적으로 텍스트의 처음
주제들로 돌아가고, 그 주제를 반복하며, 텍스트에서 전체적으
로 발전되는 모순을 다시 확인한다.[163] 이를 위해 화자는 사가

---

162) 슈바이쩌(E. Schweizer)는 눅 24:51에 대해 다음과 같이 설명했다. 누가복음은 '1:22에서 제사장이
하지 못했던 것을 예수가 행하는 것으로 끝난다. 즉 그는 축복한다.' *The Good News According to
Luke*, trans. D. E. Green (Atlanta: John Knox Press, 1984), 378.

163) 이와 같은 인과성의 시간적 질서의식은 해결의 플롯에서 중요한 것이다. 채트만은 "해결의 플롯에서
전개는 해결이며, 폭로의 플롯에서는 노출"이라고 주장한다. 그래서 "폭로의 플롯들은 존재하는 것들
의 무한한 세부에 관심을 기울이면서 강력하게 인물―지향적이려는 경향이 있다. 그리고 그에 따라 사
건들은 최소화되어 예증적인 역할로 감소"된다고 본다. Chatman, *Story and Discourse*, 55. 이 기

라 이야기에서 드러났던 모순을 해결할 목적으로 제사장의 축복이라는 주제로 돌아간 것이다. 결국 눅 24:50에 나오는 예수의 모습에 대한 이와 같은 이해는 아무 행동도 하지 못하는 스가랴에 대한 비판과 함께 예수의 행위를 규명하는 데 초점이 모아지게 된다. 딜론(Dillon)은 이런 입장을 비판했다. 왜냐하면 제사장 예수 모티브는 복음서 내러티브의 나머지 부분에 나타나지 않기 때문이다.[164] 피츠마이어(Fitzmyer)는 누가의 '신학은 제사장 예수에 관심을 보이지 않는다(이것이 유일한 언급이며 명시적이 아닌 암시적인 것이다)'[165]라고 주장했다.

그러나 제사장 모티브의 사용이 내러티브를 종결로 이끌고자 의도된 화자의 문학적 장치라고 본다면, 그때 이러한 비판들은 적절하지 못하다고 할 수 있다.[166] 게다가 피츠마이어 자신이 옳게 관찰한 것처럼, 예수의 축복은 이 작별 장면의 최종성을 강화하며 '그의 떠남을 보여주는 증거'이다.[167]

24:52에서 제자들은 '예루살렘으로 귀환'했다. 귀환($\dot{\upsilon}\pi o\sigma\tau\rho\acute{\epsilon}\phi\omega$)이라는 말이 누가복음에서 일반적인 것이긴 하지만,[168] '예루살

준에 의하면 누가복음의 승천 내러티브는 누가복음이라는 해결의 플롯에서 '갈등해결'을 제공하며, 사도행전의 승천 내러티브는 노출을 위한 '갈등촉발'의 기능을 담당하게 된다. 누가복음의 '계승현실'과 사도행전의 '계승실현'은 이와 같은 플롯 전개의 관점을 전제로 한다.

164) R. J. Dillon, *From Eye-Witnesses to Ministers of the Word: Tradition and Composition in Luke 24*, AnBib 82 (Rome: Biblical Institute, 1978), 176.

165) Fitzmyer, *Luke X-XXIV*, 1590.

166) 이것은 누가복음의 실제 저자가 이러한 문학적 고안을 의식적으로 사용했다는 것을 주장하는 것은 아니다. 그러나 본문 자체가 그것을 허락한다면, 그러한 해석은 본문을 이해하는 데 유용한 것이 될 것이다. 아래에서 그러한 것을 허락하는지가 밝혀질 것이다.

167) Fitzmyer, *Luke X-XXIV*, 1590.

렘으로의 귀환'이라는 구절은 부활 내러티브(24:33, 52)와 유아기 내러티브(2:45)에만 나타난다.[169] 2장에서 마리아와 요셉은 유월절을 보내고 귀환 중인 행렬에 예수가 없음을 알고서, '그를 찾으러, 예루살렘으로 귀환'했다. 예수의 부모와 엠마오로 가던 두 사람은 예수의 물음에 직면해 예루살렘으로 귀환했다. '어찌하여 나를 찾습니까? 내가 내 아버지 집에 있어야 할 줄을 몰랐습니까?(2:49) 그리고 '왜 두려워하며, 왜 마음에 의심이 일어나느냐? …… 무슨 먹을 것이 있느냐?'(24:38, 41). 이에 반해, 눅 24:52에서 제자들은 예수와 함께 한 후에 예루살렘으로 귀환했다. 첫 번째 경우(2:49)에 예루살렘으로의 귀환은 2:45에서의 도입 주제를 반복하는 것이고(예루살렘에서 예수를 찾음), 두 번째(24:52)는 그 지점 너머로 독자를 이끈다. 즉 예루살렘으로 귀환한 제자들은 예수를 찾는 것이 아니라, 오히려 그에게 순종한다.[170]

---

168) 신약 전체에 38회, 그중 34회가 누가-행전에 나온다.

169) 이에 대한 병행은 행 1:12에서 발견된다.

170) 여기에서 우리는 제자들이 돌아오는 상태에 대해 언급할 필요가 있다. 그들은 '기쁨으로' 귀환한다. 기쁨 주제 역시 누가-행전에 폭넓게 나타난다. 특히 유아기 내러티브에서(1:14; 2:10) 강조된다. 예수의 오심(탄생)과 돌아가심(승천)에서 큰 기쁨을 일으킨다. 마샬, 『누가복음』(2), 24:52의 주석 참조.

2. 천사와 하나님의 백성

유아기 내러티브에 나타난 천사들(1:11, 26; 2:13)은 내러티브
에서 사라졌다가, 부활 내러티브의 맥락에서 다시 등장한다.[171]
천사들은 누가복음의 다른 부분의 대화 자료에서 확실히 언급된
다. 그 자료들은 대부분 종말 담론이다(4:10; 9:26; 12:8, 9;
15:10; 16:22). 그러나 그들은 오직 개막과 종결 장면 속의 등장
인물로서만 나타난다. 이런 현상은 사도행전에 천사가 상대적으
로 자주 등장한다는 점을 고려할 때 흥미로운 것이다(행 5:19;
8:26; 10:3, 7; 12:7, 8, 9, 10, 23; 27:23). 누가복음에서 천사들은
예수의 오심과 떠나심을 선포하고, 등장인물들과 독자들을 위해
이 사건들의 중요성을 해석해준다. 눅 24장에서 천사들은 인과
성의 의미를 제공하며, 승천 내러티브의 계승 모티브를 강화하
는 역할을 한다.

누가복음 내러티브의 시작 부분은 하나님의 백성의 특성을 확
립한다. 성전 밖에서 기도하며 서 있는 사람들로부터, 성전 안쪽
에서의 시몬과 안나의 노래들, 율법을 지키는 예수 부모들의 순
종에 이르기까지, 화자는 하나님의 백성이 된다는 것이 의미하
는 바가 무엇인지를 분명하게 보여주고자 노력한다. 종결부분에

---

171) D. M. Stanley, *Jesus in Gethsemene: The Early Church Reflects on the Suffering of Jesus*
(New York: Paulist Press, 1980), 206.

이르면, 제자들은 복음서 전반부에서 발견되는 이스라엘의 경건한 인물들을 대신한다. 제자들은 성전에서 은혜의 하나님께 순종하고(24:49), 기뻐하고(24:52), 언제나(24:53) 그러한 사람들로 그려진다. 유로게오(εὐλογέω)라는 동사는 축복의 대상으로서 하나님과 함께 누가-행전에서는 사용되지 않는다.[172] 이 종결부의 순환 패턴은, 텍스트에서 전반적으로 발전되는 모순을 다시 확인하는 것처럼 보인다.

분명한 것은, 플롯의 발전, 특히 성전과 회당 갈등 장면들을 통해서 하나님과 함께 하는 특권을 가진 하나님의 백성인 이스라엘이 사실상 그러한 특권을 상실할 것이라는 점이다.[173] 여기에서 독자들은 이스라엘이 계승현실을 인식하는 데 실패하고, 제자들은 성공할 것임을 예상하게 된다.

3. 성전과 예루살렘

누가에 나오는 성전에 대한 몇몇 언급들은 유아기와 부활 내러티브의 범위를 넘어선다.[174] 그럼에도 불구하고 누가의 성전에 대

---

172) 물론 1:64, 2:28, 24:53은 예외다.

173) 탄네힐은 이것을 '비극적 이야기'라고 한다. R. Tannehill, "Israel in Luke-Acts: A Tragic Story", *JBL* 104 (1985): 69-85.

174) 누가-행전의 성전에 대해서는 다음의 문헌들을 참조하라. F. D. Weinert, "The Meaning of the Temple in Luke-Act's", *BTB* 11 (1981): 85-89; M. Bachmann, *Jerusalem und der*

한 두 용어는 시작과 끝 부분에 밀집되어 있다.175) 누가의 중심부인 18:10에 유일하게 성전에 대한 직접적인 언급이 한 번 나온다.

마찬가지로 예루살렘은 복음서의 개막 장면을 위한 맥락을 제공한다. 그곳은 예수 여행의 목표이다. 거기에서 예수는 체포되고 십자가에 달린다. 그곳은 또한 부활 이후 예수 현현의 장소이다.176) 예루살렘은 또한 아버지의 약속을 기다리기 위해 귀환하는 곳이다(24:49). 컬페퍼(Culpepper)는 다음과 같이 지적했다. "누가는 유대교의 준비시기에서 시작하여 예루살렘으로 향하는 예수의 삶을 추적한다. 그곳에서 제자들은 교회 사역의 시작을 준비한다."177) 예루살렘과 성전은 둘 다 효과적인 순환적 종결 장치인 것이다. 이 두 장소는 계승현실에 대한 인식의 장소이며 '갈등해결'의 장소로 제시되고 있다.178)

내러티브는 시작했던 곳에서 끝난다. 즉 그의 집에서 그를 찬양하는 경건한 하나님의 백성과 함께 말이다. 누가는 시작부분과 이야기의 끝부분을 효과적으로 연결시켰다. 화자는 복음서가 시작한 그 장소에서 내러티브를 끝맺는다.

Temple: Die geographisch-theologischen Elemente in der lukanischen Sicht des judischen Kultzentrums (Stuttgart: Kohlhammer, 1980); K. Baltzer, "The Meaning of the Temple in the Lukan Writings", *HTR* 58 (1965): 263-277; T. Brodie, "A New Temple and a New Law: The Unity and Chronicler-based Nature of Luke 1.1-4.22a", *JSNT* 5 (1979): 21-45; C. van der Waal, "The Temple in the Gosple according to Luke", *Neotestamentica* 7 (1973): 44-59.

175) ναός, 1:9, 21, 22; 23:45; ἱερόν 2:27, 37, 46; 4:9; 19:45, 47; 20:1; 21:5, 37, 38; 22:52, 53; 24:53.

176) 비교 마 28장; 요 20장; 막 16장.

177) Culpepper, *Anatomy*, 137.

178) Chatman, *Story and Discourse*, 55.

Ⅱ. 계승현실의 프레임: 갈등 속에 숨어 있는 희망

갈등은 플롯 발전에서 일반적인 장치이다.[179] 예수와 다양한 등장인물 그룹들 간의 갈등은 누가에서 결정적인 것이다.[180] 넓은 의미에서 보면, 누가의 끝은 이러한 갈등들의 해결에 의해 형성되며 그것들이 중핵을 이루고 있다. 특별히 중요한 것은 예수와 종교 당국자들 사이의 대립과 예수에 대한 제자들의 오해이다.

누가복음에서 예수와 종교당국자들 사이의 논쟁에서 특징적인 것은 갈등이 '집'(종종 한 바리새인의)에서 식탁 교제가 베풀어지는 중과 '성전' 혹은 '회당'에서 예수와 당국자들 사이에서

---

179) Joseph Tyson, "Conflict as a Literary Theme in the Gospel of Luke", in *New Synoptic Studies: The Cambridge Gospel Conference and Beyond*, ed. William R. Farmer (Macon, Georgia: Mercer University Press, 1983), 303－327.

180) Kingsbury, *Cnflict in Luke*. 복음서에서 문학적 전략으로 갈등을 바라보는 Rhoads and Michie, *Mark as Story*, 191; J. D. Kingsbury, *Matthew as Story* (Philadelphia: Fortress, 1986), 2－9 참조.

발생한다는 점이다. 여기에서 우리는 '어디에서'가 중요한 만큼 '누가'(등장인물), '무엇'(플롯/갈등), 그리고 '언제'(내러티브에서의 순서)가 중요함을 인식하면서 갈등의 배경을 다루고자 한다.[181] 식사 시의 갈등들과 성전/회당 대립 장면들 사이의 대조는 인상적인 것이다. 집은 사적인 배경이고, 회당/성전은 공적인 배경이다.[182] 집은 주거 배경이고, 성전/회당은 종교적 배경이다.[183] 집은 세속적 배경이고, 성전/회당은 거룩한 배경이다. 그러므로 집이라고 하는 사적, 주거적, 세속적 배경에서 발생하는 예수와 종교 당국자들 사이의 갈등을 공적, 종교적, 거룩의 배경에서 표명되는 성전/회당 장면에서 분리해서 검토하는 것이 적절하다.[184]

예수는 종교 당국자들과의 갈등에서 발견될 뿐만 아니라, 내러티브의 여러 지점에서 그의 추종자들과 대립한다. 다양한 갈등들 중 실제로 해결이 되는 것은 성전/회당 대립 장면뿐이다.

---

181) 문학이론들에서 배경에 대한 논의들은 Chatman, *Stroy and Dscourse*, 138 – 145; Wesley Kort, *Narrative Elements and Religious Meanings* (Philadelphia: Fortress, 1975), 20 – 39; Rhoads and Michie, *Mark as Story*, 63 – 72; Kingsbury, *Matthew as Story*, 27 – 29를 볼 것.

182) 공적인 배경과 사적인 배경 사이의 차이점에 대해서는 Rhoads and Michie, *Mark as Story*, 67 참조. 주의할 것은 마가복음과는 달리 누가복음에서는 예수와 종교 지도자들 사이의 갈등이 항상 공적 배경에서 발생하는 것은 아니라는 점이다.

183) Elizabeth Struthers Malbon, *Narrative Space and Mythic Meaning in Mark* (San Francisco: Harper & Row, 1986), 131 – 136. 본서에서는 여기에서 사용된 범주를 사용한다.

184) 역사적으로 종교 지도자의 범주는 다양한 그룹들(즉 서기관들, 바리새인들, 회당장들)을 포함한다. 본서에서는 서기관들, 바리새인들, 회당장들이라는 범주보다는 예수와 유대 지도자들 간에 나타나는 갈등들이 어떤 배경들에서 나타나는가를 기준으로 범주화할 것이다. 왜냐하면 문학적 관점에서 볼 때 이런 종교 지도자들의 범주는 내러티브에서 소멸되기 때문이다. Tannehill, *The Narrative Unity of Luke – Acts*, vol. 1, 169 – 199. 또한 다음을 참조. 정용성, 「누가행전에 나타난 가족과 집(II)」, 『신약신학저널』, 6 (2001): 296 – 325.

그 갈등만이 눅 24:50-53의 승천 장면에서 해결되는 것으로 나타난다. 그러나 다른 둘(식사 시의 갈등과 제자들의 오해)에 대한 논의를 생략하는 것은[185] 이야기의 흐름을 너무 좁게 한정하는 것이 될 것이다. 그러므로 우리는 이 세 갈등 유형들을 내러티브에서 그들이 해결되는 순서대로 다룰 것이다: 식사 중의 갈등들, 제자들의 오해, 그리고 성전/회당 대립 장면들.

1. 식사 중의 갈등들

누가복음에는 바리새인의 집에서 일어나는 식사 중의 갈등이 연속해서(7:36-50; 11:37-54; 14:1-24) 나타난다. 우리는 여기에 눅 5:29-32의 식사 갈등을 포함해야 할 것이다. 비록 레위라는 세리의 집이 배경이긴 하지만, 그곳은 예수와 바리새인들과의 갈등의 현장이고, 눅 15:1-2의 설명을 보면 바리새인들이 예수가 죄인들과 먹는 것에 대한 불평을 반복하고 있기 때문이다.[186] 이 구절들 각각에서, 종교 당국자들은 예수의 행위를 비판한다. 눅 5장에서, 종교 지도자들은 세리 및 죄인들과 먹고

---

185) 그에 대한 해결은 눅 24장의 더 넓은 맥락 속에서 발견된다.

186) 5:30 바리새인과 저희 서기관들이 그 제자들을 비방하여 가로되 너희가 어찌하여 세리와 죄인과 함께 먹고 마시느냐; 15:2 바리새인과 서기관들이 원망(怨望)하여 가로되 이 사람이 죄인을 영접(迎接)하고 음식(飮食)을 같이 먹는다 하더라.

마시는 예수의 제자들을 비난한다. 눅 7장에서 바리새인 시몬은 죄 많은 여인이 자신을 만지는 것을 허락한 예수를 비판한다. 11장에서 만찬에 초대한 바리새인은 식사 전에 예수가 씻지 않자 깜짝 놀란다. 그리고 14장에서는, 종교 지도자들이 바리새인의 집에서 예수가 안식일에 치유를 베푸는지를 주시한다(παρατηρέω; 참조 20:20).[187]

22장의 '마지막' 만찬은 익명의 후원자 집에서 베풀어진다(22:10-13). 다시, 예수는 식탁에 앉는다(5:29; 7:36; 11:37; 14:15). 이때는 사도들만이 함께한다(22:14). 만일 예수를 배신하도록 동일한 종교 당국자들에 의해 매수된 손(27:21)이 그와 함께 식사를 했다는 사실만 아니라면, 이 식사에서 종교 당국자들의 부재가 식탁 갈등 해결에 대한 약간의 의미를 제공할 수 있었을 것이다.

사실 눅 22장의 '마지막 만찬'이 예수가 그의 제자들과 음식을 나눈 마지막 식사는 아니다. 예수는 엠마오로 가는 두 여행자와 집에서 함께 먹는다. 이 내러티브는 다른 식사 장면들과 몇 개의 유사한 점들이 있다. 그는 빵을 들고, 축복하고, 떼어 그와 함께 한 사람들에게 준다.[188] 다른 점은 처음으로 예수가

---

187) 이 구절은 또한 누가복음에서 세 번째이자 마지막으로 나타나는 안식일을 배경으로 하는 치유 논쟁이다. 다른 둘은 회당을 배경으로 나타난다(6:6-11; 13:10-17).

188) 참조 9:16. 여기서는 εὐχαριστέω보다는 εὐλογέω가 발견되기는 하지만 말이다. 그리고 이 구절은 9:10-17에 나오는 무리를 먹이시는 이야기와 아주 유사하다. Tannehill, *Narrative Unity of Luke-Acts*, vol. 1, 289-290 참조.

평화롭게 식사할 수 있었다는 점이다. 예수와 두 여행자 사이에 길에서 오해가 있긴 했지만(24:17−27), 식사 중에 갈등은 없었다. 이 두 사람이 '우리 대제사장들과 관원들'의 악한 행위(24:20)에 관해 예수에게 말했을 때조차도 그러하다.

갈등의 해결이 없지만 최소한 식사 중의 갈등은 부재한다. 식사 시의 대립들로 인해서(종교 당국자들이 예수를 감시하기 바빴기 때문에), 그 식탁은 누가복음에서 자주 예수의 정체와 목적이 오해되었던 장소인, 자기 폭로, 계시, 그리고 인정의 장소가 된다(24:30−31).

식사 시의 종교 당국자들과의 갈등들은 암시적으로 해결되었다. 그 식탁은 이제 기독론적 계시의 장소가 되었다.[189] 이러한 해결, 즉 최소한 갈등의 부재는 승천 내러티브에서 부각되는 계승현실을 명확하게 해주는 역할을 한다.[190]

2. 제자들의 오해

눅 9장을 보면 예수와 그의 추종자들의 관계가 부자연스럽게 되는 상황이 언급된다. 제자들은 시급한 사명을 준비하지 못하는

---

189) 이 문단에 집(οἶκος)이라는 단어가 나오진 않지만, 내러티브상에 내포되어 있는 것은 분명하다.
190) Tannehill, *Narrative Unity of Luke−Acts*, vol. 1, 291−292; Dillon, *Eye−Witness*, 189−203.

것으로 다양하게 묘사된다. 이러한 실패들은 예수의 소명에 대한 기본적 오해에 기인한다. 제자들은 단순히 예수가 고통받고 죽어야만 한다는 것을 이해하지 못 했다. 그 부분에 대한 제자들의 이러한 근본적인 실태는 9:45에서 세 겹으로 중복되어 언급됨으로 강조되었고,[191] 수난 내러티브에서 조명된다.

눅 24장은 단순히 부활한 그리스도의 현현에 대한 이야기가 아니다. 그것은 어떻게 제자들이 '그리스도가 고난받고 그의 영광으로 들어가야 함'(24:26)을 마침내 이해하게 되었는지에 대한 이야기이다. 그래서 눅 24장은 이전에 눈멀었던 등장인물을 조명하는 하나의 폭넓은 인지 장면을 구성한다. 빈 무덤, 엠마오로 가는 두 제자, 예루살렘 현현이라는 세 에피소드들은 성서에 나타난 수난 예언들이 그의 죽음과 부활을 통해(24:6−8, 26−27, 44−46) 성취되었다는 주장을 반복함으로써 제자들의 교화가 중요함을 강조한다.[192] 이러한 인식은 단지 부활한 그리스도를 보

---

191) 이 부분은 예수의 두 번째 수난예고이다. 첫 번째 수난예고는 베드로의 신앙고백에 이어 눅 9:21−22에서, 세 번째는 예루살렘 입성에 앞서 눅 18:31−34에 소개되고 있다. 그런데 이 세 예고들은 "첫 번째 수난예고가 예수의 '고난, 배척, 죽음, 그리고 부활'을 예고하고 있어, 장차 예수가 당할 운명의 중요한 국면들을 주제적으로 지적하고 있는 반면, 세 번째 수난예고는 거기에 덧붙여 '조롱과 모욕을 당하며, 침 뱉음과 채찍질 당할 것' 등에 대해서까지 비교적 상세하게 예고하고 있다. 따라서 어떤 의미에서는 복음서 끝부분에서 소개되는 예수의 수난 이야기의 축소나 요약처럼 보이기까지 한다. 그런데 두 번째 수난예고는 첫 번째와 세 번째 수난예고와는 달리, 그리고 아주 간략하게 예수가 '장차 사람들의 손에 넘기우리라'는 것만을 예고하고 있다. '넘기워진다'(*paradidomi*)라는 동사 자체가 복음전승 가운데서 예수의 수난을 가리키는 전문적인 용어로 채용되고 있음을 감안한다면(눅 18:32; 20:20; 22:4, 6, 21, 22, 48; 23:25; 24:7, 20), 누가는 포괄적인 이 용어를 통해서 예수의 수난을 의미하려고 했을 것이다. 더구나 첫 번째와 세 번째 수난예고가 예수의 '죽음'과 '부활'을 예고하고, 그래서 간혹 '수난과 부활의 예고'라고 주장되기도 하는 점을 고려한다면, 누가의 두 번째 예고는 '넘기워진다'는 말만 함으로써, 글자 그대로 '수난의 예고' 형태를 갖는 셈"이라는 지적은 적절하다. 김득중, 『누가복음』(Ⅰ), 497−498.

192) 24장의 내용과 구조는 아래와 같다.
　　24:1−12 빈 무덤 이야기

는 것 이상의 어떤 것, 즉 계승현실의 인식을 요청한다. 승천 내러티브는 이곳으로 독자들을 인도한다. 제자들은 수난 사건들이 '필연적인 것'임을 이해해야만 한다. 즉 수난 사건들은 성서에서 증거하는 하나님의 목적을 성취하는 본질적인 요소이다.

하나의 주요한 긴장이 부활 예수의 가르침을 통해 제자들이 수난의 본질을 보다 더 이해하게 되었을 때 해결되었다. 전환점은 예수가 24:47-49에서 제자들의 사명을 전해줄 때 도래한다: 예수가 그들에게 나타나 그를 만져보라고 권할 때, 약간은 믿지 못할 때(참조, 24:11), 기쁨으로 믿지 못했을 때조차(24:41).[193] 그러나 이제 예수의 축복과 함께 이러한 사명을 준비하기 위해 (24:51) 그들은 순종적이고 기쁘게 '높은 곳으로부터 오는 능력'을 기다리고자 예루살렘으로 돌아간다. 예수와 그의 추종자들 사이의 이러한 오해의 해결은 눅 24장의 종결 장면에 주요하게 공헌하는 요소이다.[194]

24:13-35 엠마오로 가는 두 제자 이야기
24:36-43 열한 제자들에게 나타나신 예수
24:44-49 예수의 마지막 위임명령
24:50-53 예수의 승천

193) Tannehill, *Narrative Unity of Luke-Acts*, vol. 1, 293.

194) M. C. Parsons, "Narrative Closure and Openness in the Plot of the Third Gospel: The Sense of an Ending in Luke 24.50-53", in *Society of Biblical Literature 1986 Seminar Papers*, ed. Kent Harold Richards (Atlanta: Scholars Press, 1986), 201-223. 이러한 갈등해결에 대해서는 또한 Chatman, *Story and Discourse*, 55 이하 참조.

3. 성전과 회당 대립 장면

만일 제자들이 단순히 '높은 곳으로부터 오는 능력'의 선물을 기다리기 위해 예루살렘으로 돌아왔다면, 우리는 결국 그 문단이 오직 예수와 제자들 사이의 갈등 종결을 제공하는 것으로 추측했을 것이다. 사실상 화자는 공간적, 시간적 둘 다에서 제자들을 위치시키는 데 있어 매우 조심스럽다: '그들은 늘 하나님을 찬양하며 성전에 있었다'(24:53). 성전의 위치는 결코 하찮은 게 아니다. 예수는 누가복음의 여러 곳에서 다양한 사람들과 갈등 속에 놓이게 된다. 복음서의 회당과 성전에서 예수와 유대 지도자들 사이의 조우들과 사도행전의 유대 지성소에서 바울과 유대 지도자들 사이의 대립은 누가-행전의 플롯 발전에서 특히 중요하다.[195]

피터슨(Petersen)은 누가-행전 전체에 여섯 개의 대립 사건만을 인정한다. 여기서 그 목록은 누가복음에서만 여섯 개를 포함하여 확대되었다.[196] 누가복음의 개막 장면은(눅 1:5-23) 하나님의 백성과 하나님의 대리인들 사이의 갈등을 분명히 보여준다. 타이슨(Tyson)의 지적처럼 유아기 내러티브의 문학적 기능

---

195) 노만 피터슨(N. Peterson)은 이에 대해 "누가의 구성에서 연속적 그리고 병행적 관점 둘 다. 하나님의 지성소(회당과 성전)에서 하나님의 백성에 의한 하나님의 대리인들(agents)에 대한 거부는 전체로서의 성서의 흐름에 동기를 부여함으로 플롯 장치를 나타낸다"고 적절히 지적했다. N. R. Peterson, *Literary Criticism for New Testament Critics* (Philadelphia: Fortress, 1978), 83.

196) 피터슨이 지적하는 본문은 눅 4:16-30; 20:1-9; 행 3-4; 5:12-14; 13:13-52; 18:1-110이다. Peterson, *Literary Criticism*, 89.

은 뒤따라오는 사건들의 중요성을 독자들에게 경계하고 있음이 분명하다.197) 화자가 우리에게 말하는 바에 의하면 사가랴는 '하나님 앞에서 의로운, 주의 모든 규례를 지키는, 흠 없는' 사람이며(1:5-6), 하나님의 백성 중의 한 사람이다. 하나님의 지성소(성전, 9절)에 있는 동안, 하나님의 대리인(주의 한 천사, 11, 19절)이 그에게 나타난다. 갈등은 1:18에서 사가랴가 엘리사벳이 아들을 가질 것이라는 천사의 예언을 의심할 때 시작된다. 그 천사는 자신이 '너에게 소식을 전하라고 보냄을 받은' 가브리엘임을 밝힘으로 사가랴를 꾸짖는다(1:19).198) 그 갈등은 가브리엘이 말을 못 하도록 공격했을 때 해결되었다. 사가랴는 그때 집으로 돌아간다. 이 도입 에피소드는 다른 회당/성전에서의 갈등들의 전형을 제공한다.199)

이러한 갈등들의 연속과 반복은 4:9-12의 시험 내러티브에서 하나님의 집인 성전 꼭대기에서 하나님의 대적자(사단)와 직접적인 갈등 중에 있는 하나님의 대리인(예수)을 언급함으로 정서적 효과를 촉진시키게 된다. 타이슨(Tyson)에 따르면 이 구절은 '갈등을 강렬하게 하고 우주적 차원으로 그것의 배경을 넓히

---

197) Tyson, "Conflict as a Literary Theme", 314.

198) 방문자가 주의 천사임은 이미 1:11에서 독자에게 제공된 정보이다.

199) 하나님의 집에서 하나님의 백성들과 하나님의 대리인들 사이의 다른 갈등 사건들은 1:5-23; 2:41-51; 4:16-30; 6:6-11; 13:10-17; 19:45-48에서 볼 수 있다. 갈등이 일어나는 공간은 순서대로 성전/성전/회당/회당/회당/성전으로 성전과 회당에 집중되고 있다. 하나님의 백성으로는 스가랴/예수의 부모/모두/서기관들 및 바리새인들/관료와 회당/대제사장들과 서기관들로 나타난다. 그리고 하나님의 대리인으로는 1:5-23의 천사 가브리엘을 제외하고는 모두 예수이다.

는’ 내러티브이다.[200] 4:31－37에서도 예수는 가버나움 회당에
하나님의 대적자인 ‘더러운 귀신 들린’ 한 사람과의 갈등 속에
서 다시 하나님의 대리인, ‘하나님의 거룩한 자’(4:34)라는 역할
을 수행한다. 이 두 병행 이야기들은 사실상 대립들을 강화하
고 있다. 왜냐하면 두 이야기는 하나님의 백성과 하나님의 대
리인 사이의 긴장을 기록하고 있지 않기 때문이다. 독자들은
처음에는 이스라엘의 경건한 사람들과 그의 백성을 위한 하나
님의 대리인 사이의 사소한 충돌을 보았다. 이제는 하나님의
사자들과 ‘어둠의 세력들’(22:53) 사이의 전면전으로 국면이 바
뀌었음을 깨닫는다.

누가복음에서 결정적인 갈등들로서 4:16－30과 19:45－47의
대립사건들만을 인정하는 것도 가능하다.[201] 확실히 그 두 에피
소드에서 갈등의 정도가 더 심각하다. 두 경우 모두에서 적대자
들은 예수를 멸망시키려고 한다. 19:45－47의 마지막 갈등은 클
라이맥스를 제공하며, 그 긴장은 극한에 이른다.

누가복음 내러티브는 어떻게 이러한 갈등들을 해결하는가?
하나님의 신실성이 부활 내러티브에서 드러난다. 하나님의 사자
는 적대자들에 의해 죽음을 맞는다. 그러나 종결부분에서 결국
하나님은 그의 무죄를 입증한다. 이러한 역전은 십자가 위에서
의 예수의 마지막 말 ‘나의 하나님, 나의 하나님, 왜 나를 버리

---

200) Tyson, “Conflict as a Literary Theme”, 315.
201) 이것은 채트만이 지적한바 중핵으로 분류될 수 있다. Chatman, *Story and Discourse*, 61－62.

셨나이까?'에서가 아니라, 오히려 그의 사명에 순종하는 예수의
인상적인 진술인 '아버지, 당신 손에 나의 영을 맡깁니다'(23:46)
에서 시작된다.

해결은 빈 무덤과 부활 이후 현현 이야기들을 통해 계속되고,
누가복음의 마지막 구절에서 최고조에 달한다. 거기에서 우리는
제자들이 늘 성전에서 하나님을 찬양하며 있는 것을 발견한다
(24:52−53).

> 저희가 (그에게 경배하고) 큰 기쁨으로 예루살렘에 돌아가
> 늘 성전에 있어 하나님을 찬송하니라

복음서는 그때 하나님을 찬양하며 하나님의 집에서 하나님의
대리인(이제는 제자들이다)들과 함께 끝난다.[202] 제자들이 있는
곳과 제자들의 행동은 모두 중요하다. 그들은 성전에 있다. 그
곳은 예수와 대제사장들 사이의 논쟁에서 주요 이슈 그 자체인
제도이자 공간이었다.[203] 제자들은 성전에 있고 이제는 도전받
지 않는다. 그들은 하나님을 찬양하고 있지, 예수를 예배하진
않는다.[204] 그의 사자들의 무죄를 입증하고 그의 지성소를 그들

---

202) R. J. Karris, *Invitation to Luke: A Commentary on the Gospel of Luke with Complete Text form the Jerusalem Bible* (Garden City: Image Books, 1977).

203) Tyson, "Conflict as a Literary Theme", 326.

204) 비교 마 28:16−17 "열한 제자가 갈릴리에 가서 예수의 명하시던 산에 이르러 예수를 뵈옵고 **경배 하나** 오히려 의심하는 자도 있더라."

에게 회복시킨 신실한 하나님을 찬양하는 것은 매우 적절한 응답인 것이다.[205]

---

205) 누가복음은 갈등의 장소로서 성전을 강조하지 않는다. 그러므로 복음서가 거기에서 갈등이 해결되는 것으로 끝나는 것은 적절한 일이다.

Ⅲ. 계승현실의 신학 지평: 약속과 성취

폴 슈버트(P. Schubert)는 '눅 24장의 구조와 중요성'이라는 논문에서 누가복음서의 마지막 장이 '예언 입증'(proof from prophecy) 모티브를 중심으로 조직되었고, 이 예언－성취의 주제가 누가－행전의 중심이라고 주장했다.206) 그러나 탈버트(Talbert)는 '예언 입증' 모티브를 주장하는 주요 관점들을 설명하고 비판하였다.207) 이 모티브의 지지자들이 공유하고 있는 것은 예언 입증에 대한 다음과 같은 이해들이다. (1) 예언입증은 본질적으로 구약성서 약속들의 성취를 의미한다. (2) 그것은 교회와 이스라엘 사이의 역사적 연속

---

206) Paul Schubert, "The Structure and Significance of Luke 24", *Neutestamentliche Studien fur Rudolf Bultmann*, ed. W. Eltester (Berlin: Topelmann, 1957), 165－186. 여러 학자들이 이에 동조했다. 특히 마이니어(Minear), 달(Dahl), 존슨(Johnson) 그리고 캐리스(Karris) 등은 약간 변경을 가하며 슈버트의 제안을 기본적으로 수용했다. Minear, "Luke's Use of the Birth Stories", 113－130; D. L. Tiede, *Prophecy and History in Luke－Acts* (Philadelphia: Fortress, 1980); O. C. Edwards, *Luke's Story of Jesus* (Philadelphia: Frotress, 1981).

207) C. H. Talbert, ed., "Promise and Fulfillment in Lucan Theology", in *Luke－Acts: New Perspectives from the Society of Biblical Literature Seminar* (New York: Crossroad, 1948), 91－103.

성을 확립하는 기능을 한다. (3) 그것은 아직 실현되지 않은 약속들의 미래 성취를 보증한다.[208]

탈버트는 예언 입증을 주장하는 학자들에게 두 가지 질문을 한다. 첫 번째 질문은 누가-행전의 예언 입증 신학을 말할 때 고려될 자료에 관련된 것이다. 탈버트는 설득력 있게 다음과 같이 진술한다. "그 자료는 구약 성서의 성취보다 광범위한 것이며, 유대교 성서에 대한 모든 누가의 용법들이 약속-성취 패턴에 적절한 것은 아니다."[209] 탈버트는 그의 주장, 즉 예언 입증 패턴은 구약성서 약속들의 성취 주제들보다 광범위하다는 주장을 그 주제가 특별한 구약성서 예언의 성취뿐만 아니라, 천상적 존재에 의해 주어진 예언의 성취(천사 혹은 부활한 그리스도), 그리고 살아 있는 예언자(유대인, 예수, 그리스도인 등)에 의한 예고의 성취를 포함한다는 것을 보여줌으로 그의 주장을 개진했다.[210]

탈버트의 두 번째 주장, 즉 누가-행전의 모든 구약성서에 대한 언급과 암시들이 약속-성취 도식(the promise-fulfillment schema)에 포함되는 것은 아니라는 주장은[211] 몇몇 본문에서(눅 2:23-24; 7:11-17; 9:52-56) 구약성서가 하나의 해석학적, 모형론적,

---

208) Talbert, "Promise and Fulfillment in Lucan Theology", 93.

209) Talbert, "Promise and Fulfillment in Lucan Theology", 95.

210) Talbert, "Promise and Fulfillment in Lucan Theology", 94 이를 분석할 유용한 범주화를 위해서 그의 *Reading Luke*, 234-240을 참조할 필요가 있다.

211) Talbert, "Promise and Fulfillment in Lucan Theology", 93.

혹은 윤리적 관심을 보여준다는 사실에 의해 뒷받침되었다.[212] 특히 탈버트는 누가-행전에서 신적 필연(δει)의 성취는 예언적 약속들과 윤리적 요구들 둘 다의 성취를 의미하지만, 후자는 약속-성취 도식이 아니라고 주장했다.[213]

탈버트의 이러한 주장에도 불구하고, 예언-성취 주제는 누가-행전에서 무시할 수 없는 것이다.[214] 주제로서가 아니라 이야기 흐름의 구조를 돕는 플롯 장치, 즉 우리의 '중핵' 개념으로 누가-행전에서 약속-성취의 중요성을 이해하기 위해서는, 화자가 이러한 특별한 테크닉을 적용하는 다양한 방법들이 우선 서술되어야만 한다. 탈버트의 성서, 천상적 존재들, 그리고 살아 있는 예언자들이라는 범주는 하나의 출발점을 제공한다. 뿐만 아니라, 약속이 화자 자신에 의해 이야기된 구절들이 네 번째 범주로 첨가되어야만 한다.[215] 이런 예들이 거의 없기 때문에, 그들을 구별하기가 쉬운 범주는 아니다. 문학 이론가들이 '서사 시간'[216]이라고 부르는 범주

---

212) R. Maddox, *The Purpose of Luke-Acts* (Gottingen: Vandenhoeck & Ruprecht, 1982), 155; J. A. Sanders, "Isaiah in Luke", *Int* 36 (1982): 144-155.

213) Talbert, "Promise and Fulfillment in Lucan Theology", 94; Charles H. Cosgrove, "The Divine *DEI* in Luke-Acts: Investigations into the Understanding of God's Providence", *NovT* 26 (1984): 168-190.

214) Talbert, "Promise and Fulfillment in Lucan Theology", 101; Maddox, *The Purpose of Luke-Acts*, 303-305.

215) 여기에서 화자(narrator)란 이야기를 말해주는 사람을 의미한다. 즉 "이야기를 서술하고 독자에게 말을 거는 목소리는 하나의 수사학적 장치라고 할 수 있다. 화자는 이야기 속의 등장인물로 극화(劇化)될 수도 있고, 극화되지 않은 상태로 남아 있을 수도 있다. 화자는 내포 저자의 목소리를 통해서 또는 내포 저자의 시점과 다른 시점을 가진 등장인물의 목소리를 통해서 말할 수도 있다. 또한 화자는 서사 속에 어느 정도 모습을 나타낼 수도 있고 서사 속에서 화자의 말을 들을 수도 있다." Culpepper, *Anatomy*, 36.

216) 서사 시간(narrative time)을 위해서는 이야기 시간(story time)과의 비교가 필요하다. 이야기 시간이란 이야기 세계를 만들어 가는 과정에서, 내포 저자가 염두에 두고 있는 실제 사건발생의 순서를 말한다. 반면에 서사 시간이란(담론 시간 discourse time이라고도 한다) 화자가 독자들을 위해 제시하는 사건

들이 약속의 관점이 성취를 뛰어넘는 혹은 반대로 동일한 것을 강조하는 이러한 구절들을 구별해내는 데 유용할 것이다.217)

이 지점에서 몇 개의 용어를 그 정의와 함께 소개함이 필요하다. 서사시간의 순서와 빈도, 그리고 그 속에서 내러티브의 극적인 특성을 달성하고 거기에 영향을 미칠 수 있는 연속의 방법은 여기에서 특별한 흥미를 유발시킨다. 누가는 분명히 연대기적 순서로 그의 이야기를 서술하지는 않았다.218) 1:13만큼 이른 참조문은 이전에 언급되지 않았지만, 분명히 스가랴와 가브리엘이 만나기 전에 있었던 스가랴의 기도에서 이루어진다. 주네트(Genette)는 "우리가 어떤 주어진 순간에 존재하는 이야기 지점보다 더 일찍이 일어났던 사건에 대한 진술 이후의 어떤 환기"를 회상(analepses)이라고 정의했다.219) 대조적으로 예상(prolepes)은 "앞으로 발생할 사건을 미리 서술하거나 환기시킴으로 구성된 어떤 서사적 책략(maneuver)"이다.220)

내부(internal)와 외부(external)는 묘사된 사건이 이야기 시간 안쪽에 있는지 바깥쪽에 있는지를 언급하는 말이다. 그러므로

순서의 묘사를 말한다. 서사 시간이 이야기 시간과 일치하는 경우도 있겠지만, 이 둘이 동일한 것은 아니다. Chatman, *Story and Discourse*, 74, 80, 86 – 89, 188, 207; Culpepper, *Anatomy*, 89; Powell, *Narrative Criticism*, 73을 참조.

217) 이 두 시간의 구별을 위한 가장 정평 있는 저술로는 Gerard Genette, *Narrative Discourse: An Essay in Method*, trans. Jane E. Lewin (Ithaca: Cornell University Press, 1980)을 들 수 있다.

218) R. J. Dillon, "Previewing Luke's Project from his Prologue(Luke 1.1 – 4)", *CBQ* 43 (1981): 219.

219) Genette, *Narrative Discourse*, 40; 중핵 개념과 관련한 회상과 예상은 Chatman, *Story and Discourse*, 63 – 64.

220) Genette, *Narrative Discourse*, 40.

내부 혹은 외부 회상(analepses)이라거나 내부 혹은 외부 예상(prolepses)이라는 것이 가능하다. 덧붙여서, 혼합(mixed) 회상은 이야기 시간보다 전에 시작되어 그 속에서 계속되는 것을, 혼합 예상은 이야기 시간 내에서 시작되어 그것을 넘어서 계속되는 사건들을 가리킨다.[221]

누가-행전에 나타나는 하나의 특별한 문제가 여기서 드러난다. 몇몇 사건들은 누가복음에서 외적 예상이다. 그러나 누가-행전 전체에서는 내적 예상이다.[222] 혹은 사도행전 이야기 시간에서 외적 회상인 사건들이 누가-행전 전체에서는 내적 회상일 수도 있을 것이다.[223]

사도행전의 대부분의 성서 언급들이 누가복음의 시간으로 거슬러 가거나 혹은 그 이전으로 가기조차 한다는 것은 흥미로운 일이다. 복음서의 많은 중요한 언급들이 내러티브 속에서 특별한 지점 앞으로 독자를 인도하는 예상으로서 기능한다.[224]

---

221) Powell, *Narrative Criticism*, 74 참조.

222) 예를 들면, 눅 24:49에서 아버지의 약속과 위로부터의 능력에 대한 준비는 복음서 서사 시간에서는 외적으로 성취된 것이다. 그러나 사도행전까지 고려하면 서사 시간에서 내적으로 성취된(2장) 것이다.

223) 예를 들면, 베드로의 오순절 설교에 나타나는 대부분의 예수에 대한 언급은 사도행전의 시간에서 외적인 것이다. 하지만 누가-행전 전체 내러티브에서는 내적인 것이다. 발견되는 곳에서 내러티브와 맺는 관계에 따라 회상 혹은 예상으로 인용될 것이다. 약속들은 눅 3:4-7; 4:18-19(4:21에서 성취); 18:31(22-24장에서 성취); 21:22; 22:37(22:47-53; 23:33에서 성취); 24:27; 24:44; 24:46; 24:47(행 2장에서 성취); 행 3:18; 19:43; 13:22-23; 13:29-31; 15:15-18; 16:23.

224) 커스그러브(Cosgrove)는 누가복음의 성서 사용에 대해 다음과 같이 지적했다. "그러나 내가 아는 바에 의하면, 충분한 주목을 받지 못한 한 요소는 예언이 누가-행전에서 신적 지시(divine mandate)로서 기능하는 방법이라는 것이다. 누가는 친숙한 신약성서 '성서-입증'에 어떤 것을 첨가했다. 예를 들면, 마태복음과 바울에서 구약성서 텍스트가 신적 보증(divine endorsement)의 표시만큼 사후예언으로서 해석되는 반면, 누가는 성서 예언을(입증으로서) 그것의 성취 이후뿐만 아니라 또한 서사적으로 성취 이전에도 소개한다." Cosgrove, "The Divine *DEI* in Luke-Acts", 174.

눅 3:4-7에는 사 40장이 인용되었다. 여기에는 혼합 예상이 있다. 인용의 전반부는 이야기 시간 속에서 성취되었다. 그러나 예언의 후반부인 '모든 육체가 하나님의 구원을 보리라'(6절)는 예언은 누가뿐 아니라 사도행전에서도 성취되지 않았다. 성서에 대한 다음 호소는 눅 4장에서 발견된다. 많은 학자들은 이 부분을 복음서의 표제로 간주한다.225) 그러나 여기에서 그 범주들은 유용하지 못할 것이다. 예수는 선택한 성서 본문을 읽고 바로 다음과 같이 말한다. '오늘 이 성서가 너희 귀에서 이루어졌다.' 누가복음에 나오는 성서 성취에 대한 다른 호소들은 분명하게 예상들이다.

눅 4:18-21과 22:37(뿐만 아니라 3:4-7)은 명시적으로 특별한 구약성서 구절들을 인용한다. 종종 화자는 '선지자들로 기록된 모든 것'(눅 18:31; 참조, 행 3:18; 13:27), '기록된 모든 것'(눅 21:22), '성경' 혹은 '모든 성경'(눅 24:27, 32, 45)처럼 넓은 범주들을 사용한다. 그리고 구약성서는 율법, 예언서, 그리고 시편으로 나눈다(눅 24:44).226) 결국 매독스는 다음과 같이 진술한다.

누가가 성취에 대해 생각하는 것은 주로 이런 넓은 의미에서이다. 전 그리스도인의 이야기—예수와 교회의 이야기—는 구약성서 전체에서 진술된 하나님의 전체 목적의

---

225) 서용원, 「누가복음의 안식사상과 예수의 희년선포」, 『호서신학』, 7 (2000): 72.

226) Maddox, *The Purpose of Luke-Acts*, 142.

성취인 것이다.[227]

이러한 예언 – 성취 구도는 누가복음의 승천 내러티브에 다른 중핵 형성을 위한 패턴을 제공한다. 우선, 아주 단순하게 관찰해보면 눅 24장 이전에 그것이 만들어질 것이다. 예언 – 성취 구도에 포함되는 모든 성서 언급들은 예고적이다. 즉 그들은 이야기의 후반부에서 일어날 해결들을 제안하는 예상들을 재연한다. 그러나 24장에서 하나를 제외한 모든 성서의 언급들은 그 이야기에서 이전의 사건들을 설명하는 회상들이다.

흥미로운 것은, 몇몇 예외가 있지만 성서의 성취에 대한 언급들이 복음서 플롯의 절정에 있다는 사실이다. 성취로서 보이는 유일한 특별한 사건들은 이야기의 절정에 있다: 예수의 선포, 죽음, 부활, 그리고 승천, 성령의 선물, 이방인 선교와 예루살렘 멸망.[228]

이런 현상은 성서가 누가복음 텍스트에서 권위 있는 자료로 부각되고 있음을 보여준다. 그리고 다른 복음서들과는 달리[229] 누가의 화자는 누가복음에 나타나는 주변 플롯의 발전을 위한 성서의 성취에 관련된 언급들을 보유하고 있다. 이러한 방법으로 예언과 성취는 누가복음에서 예수 이야기의 전개를 돕는다.

---

227) Maddox, *The Purpose of Luke – Acts*, 142.

228) Maddox, *The Purpose of Luke – Acts*, 142.

229) 예를 들면, 성서의 성취로서 예수 옷을 나누는 것(요 19:24; 마 27:35 참조) 같은 사소한 일들에 대해 말하는 것 등을 말한다.

분명히 천상적 존재들에 의한 모든 예언들(천사들이든 부활한 그리스도든)은 하나를 제외하고는 내적 또는 외적 예상들이다.230) 그 예외(눅 24:5-7)는 중요하고 눅 24장의 성서 사용과 유사한 방법으로 기능한다. 천사들은 거기에서 하나님이 자궁을 채우시고 무덤을 비우시는 방법에 대한 증인으로 이야기의 시작과 끝에 위치한다. 차이점은, 시작에서는 모든 예언들이 긴장을 지속시키는 데 초점이 맞추어지는 반면, 빈 무덤에서는 그 예언들이 여인들이 상기한 이전 내러티브의 순간(눅 9:22)으로 거슬러 올라가는 데 집중된다. '이르시기를 인자가 죄인의 손에 넘기워 십자가에 못 박히고 제 삼일에 다시 살아나리라 하셨느니라'(눅 24:7-8). 이처럼 내적인 방향으로 이야기가 전환하는 것은 이 지점 이전의 텍스트들에 의해 창조된 긴장들을 해결하는 데 봉사한다.

다시금 살아 있는 예언자들(경건한 유대인들, 예수, 그리고 그리스도인들)의 모든 예언들은 예상이 된다. 그리고 대부분의 경우에 내적 예상, 적어도 누가-행전 전체에서 내적인 내러티브 전체에 걸쳐 이들의 성취가 발견되는 이러한 예언들은 특별히 중요한 기능을 수행한다. 반복되는 예고들의 성취는 말하는 사

---

230) 누가-행전에 나타난 천상적 존재들의 예언은 다음과 같다. 정리는 '예언/성취/언급유형' 순으로 할 것이다. 눅 1:13-17/1:41, 44-45, 47-63; 3:3-17/내적 예상, 1:26-27, 31/2:7, 21/내적 예상, 1:32a/8:27/내적 예상, 1:33/행 2:30/외적 예상, 1:35/3:22; 4:41; 8:35; 행 9:20/내적 예상, 2:8-12/2:15-16/내적 예상, 24:5-7/행 2:1, 그리고 여러 곳/내적 회상, 24:47-49/---/외적 예상, 행 1:4-5/행 2:1 이하/내적 예상, 행 1:8/사도행전 전반/내적 예상, 행 18:9-10/행 18:12-17/내적 예상.

람, 즉 대부분 예수의 진실성을 제공한다. 독자는 예수가 말한 것이 실제로 이루어질 것이라고 점점 더 확신하게 된다. 이것은 특별히 예수에 대한 외적 예상들에 대해 진실인 것이다.[231] 그것은 독자가 알고 있는 실제 일어났던 역사적 언급들일 수도 있고,[232] 또는 독자가 예수가 예언한 대로 일어날 것이라고 믿고 있는 종말론적 말씀들일 수도 있을 것이다.[233]

부활 내러티브에는 '살아 있는 예언자'라고 불릴 예언들이 언급되지 않기 때문에[234] 예언자들에 의한 예고들은 복음서 텍스트의 종결을 제공하기보다는 다른 기능들, 즉 주인공과 화자에 대한 진실성을 확립하는 데 봉사하는 것으로 결론을 내릴 수 있을 것이다. 그러나 더 넓은 의미에서 이러한 종말론적 예상들은 삶의 '한가운데서' 살아가고 있는 사람들에게 승천 내러티브의 계승현실의 강조에 대한 실존적 확신을 제공한다.[235]

두 개의 중요한 내적 예상 내러티브가 화자의 설명 속에서 발견된다. 우선, 눅 9:31을 보면 예수의 죽음/출발(ἔξοδος, departure)

---

231) 누가-행전에 나타난 살아 있는 예언자의 예언은 다음과 같다. 정리는 역시 '예언/성취/유형' 순으로 할 것이다. 눅 1:69-79/누가복음 전반/혼합 예상, 눅 2:29-3:32/사도행전 전반/외적 예상, 눅 9:22, 44/22-24장/내적 예상, 눅 11:13/행 2:1/외적 예상, 눅 13:35b/---/외적 예상, 눅 19:29-31/19:32-34/내적 예상, 눅 21:12/행 8:3; 12:4/외적 예상, 눅 21:15/행 6:10/외적 예상, 눅 22:10-12/22:13/내적 예상, 눅 22:34/22:54-61/내적 예상, 행 11:27-28a/행 11:28b/내적 예상, 행 21:10-11/행 21:30-36/내적 예상, 행 27:22, 34/행 27:44/내적 예상.

232) 그리스도인들에 대한 박해-눅 12:11-12; 성전의 파괴-13:35a; 21:6; 이방인들에 의한 예루살렘의 점령-19:43-44; 21:20-24; 23:28-31.

233) 21:25-36; 22:30 참조. Tannehill, 즉 서기관들, 바리새인들, 회당장들. "A Tragic Story", 74-76.

234) 여기에서 부활한 그리스도는 천상적 존재가 된 것으로 간주한다.

235) Petersen, "When is the End not the End?", 158.

에 관해 모세와 엘리야가 예수에게 말하는 변모장면에 나타난다. 화자는 "그가 예루살렘에서 성취할 것"을 첨언한다. 다른 언급은 9:51에서 발견된다. "승천하실 기약이 차가매 예루살렘을 향하여 올라가기로 굳게 결심하시고." 예수의 출애굽과 예루살렘으로의 여행에 대한 이런 언급들은 아래에서 논의될 것이므로, 여기서는 두 모티브와 누가-행전의 성취구도 사이의 관계만을 간단히 검토할 것이다.

출애굽과 여행 모티브는 예루살렘에서의 십자가, 부활, 고양 사건들에 밀접히 관련되며 성취언어의 발단(9:31, 51)에서 등장했고, 복음서의 마지막 문단에 다다르기까지는 완성되지 않았다. 그러므로 성취되지 않았다고 보아야 한다. 그러나 승천 내러티브에서 예수는 그들을 밖으로 이끌었고 그들을 떠났다. 그래서 예수의 여행과 출애굽의 날들이 성취되었다.[236] 그러므로 눅 24:50-53에서 '약속-성취 요소'에 대해 말하는 것은 적절한 것이다.

누가복음에 나타나는 예언과 성취에 관한 이러한 전체적인 강조는 명시적 수신자인 데오빌로에게 화자에 의해 명시적으로 진술된 자료의 목적을 유지하는 데 있다. 누가는 '우리 가운데 이루어진 사건들과 관련된 이야기들'(1:1)에 관해 말한다.

모든 것은 예수 이야기의 중심부분에서 24:50-53의 대단원

---

236) Sharon H. Ringe, "Luke 9.28-36: The Beginning of an Exodus", *Semeia* 28 (1983), 92-94.

을 향한다. 중심부분에서 긴 교훈 자료에 기인하는 그 지연들은 극적인 효과를 강화한다. 지연들, 방해들, 그리고 실망들에도 불구하고 그 여행은 마지막 장면에서 완성된다. 예수는 그의 여행에 신실했고, 하나님은 예수에게 신실했다.

PART IV
예수의 승천과 계승실현의 강화: 사도행전

본 장에서는, 앞의 해석에서 살펴본 계승실현의 빛에서 사도
행전의 플롯을 검토함으로 승천 내러티브의 서사적 기능을 탐
구하게 될 것이다. 즉, 계승실현으로서의 승천 내러티브의 주요
강조점들이 사도행전의 전체 플롯 전개 속에서 어떻게 상호 관
련되고 있는가를 살펴볼 것이다.

Ⅰ. 계승실현의 중심 주제들: 하나님 나라, 선교, 가르침

우리는 사도행전의 승천 내러티브를 한 작품의 시작으로 간주함으로 분석을 수행하고자 한다. 시작은 플롯 발전에 결정적인 것이다. 사도행전의 시작은, 1:8의 프로그램적 진술에서, 종결―'땅 끝까지' 이르는 복음의 확산, 즉 계승실현―을 밝히고 있다. 독자는 이러한 선교의 성공(계승실현)을 확신한다. 왜냐하면 그 진술이 가장 신뢰할 만한 등장인물인 예수에 의해 발설되고 있기 때문이다. 내러티브 전반에 걸쳐, 독자는 그 선교가 완성(계승실현)될 것인지 아닌지라는 질문보다는, 오히려 어떻게 그 선교의 성취(계승실현)가 달성될 것인지에 몰두하게 된다.[237] 아래에서 우리는 사도행전의 시작이 내러티브의 끝과 중간과

---

237) 이것은 내러티브에서 나중에 창조될 다른 기대들이 성취되지 않음을 말하는 것은 아니다. 예를 들면, 로마에서 바울 재판의 결과 등.

관련되는 문제에 대해 검토할 것이다. 우선은 인과성, 중핵적 플롯 전략, 그리고 결합이 논의될 것이다.

사도행전에서의 플롯 전개의 상호성은 누가복음에서처럼 그렇게 강하지 않다. 누가복음 이야기는 예루살렘 성전에서 시작하고 끝난다. 사도행전은 그 내러티브가 예루살렘에서 시작하지만 로마에서 끝나기 때문에 '두 도시 이야기'라고 할 수 있다. 누가복음에서는 천사들이 시작과 끝 부분에 나타난다. 사도행전에서 천사들은 이야기의 처음에 나타나고 이야기 전체에 걸쳐 다시 나타나지만, 결론에서 그들은 부재한다. 누가복음의 마지막에서 제자들은 이제 1, 2장의 헌신적인 유대인들을 대신하는, 경건한 하나님의 백성이 된다. 사도행전에서 제자가 아닌 바울이 종결 부분에서 주인공의 자리를 차지한다.

이러한 내러티브의 결핍에도 불구하고 사도행전의 시작은 몇 가지 방법으로 종결 부분에 관계한다. 개막 내러티브에서 기대되는 주제나 생각은 대부분 결론에서 단순히 재개된다기보다 본문 전체의 일련의 요점들에 대한 마지막 언급을 나타낸다는 점을 인식해야만 한다.

1. 하나님 나라[238]

사도행전의 '나라'에 대한 8번의 언급 중 4번은 1:3, 6과 28:2, 31에 같은 수로 나타난다.[239] 첫 번째는 예수가 그의 제자들과 함께 머무는 동안 하나님의 나라 언급이다. 흥미롭게도 하나님의 나라에 대한 마지막 언급은 행 28:30－31에 나오는 '지속성'과도 연결되고 있다: '바울이 온 이태를 …… 머물면서 …… 하나님의 나라를 전파하며……'[240] 나라에 대한 두 번째 언급은 사실 엄밀한 의미에서 내러티브상에서 첫 번째 언급이다. 그 대화는 예수(와 화자)가 나라에 대한 오해를 정정하도록 해준다. 모든 예에서 '나라'나 '하나님의 나라'에 대한 언급은 설교, 훈계, 논쟁, 변론, 증언 등의 말을 동반한다.

그래서 내러티브 전체에서의 전략적인 위치화(예루살렘, 사마리아, 에베소, 밀레도, 그리고 로마)뿐만 아니라 내러티브의 시작과 끝에서 현저한 위치를 점하는 하나님의 나라는 내러티브의 결론을 따라 플롯을 이동시키는 기능을 하는 것이다.[241] 나

---

238) '하나님 나라'라는 용어는 마태에 50회, 마가에 19회, 누가－행전에 52회 나온다. 문맥상에서 하나님 나라는 중요한 의미를 갖는다. 유상현은 누가－행전에서 하나님 나라 주제가 예수선포의 핵심을 이루며, 하나님 나라는 예수 안에서의 구원선포의 배경을 이룬다고 주장한다. 『사도행전연구』(서울: 대한기독교서회, 1996), 443－444.

239) 그 밖에도 다음과 같은 부분에서 발견된다. 행 8:12; 14:22; 19:8; 20:25. 누가복음에서는 더 자주 볼 수 있는데 눅 1:33; 4:5, 43; 6:20; 7:28; 8:1, 10; 9:2, 11, 27, 60, 62; 10:9, 11; 11:2, 17, 18, 20; 12:31, 32; 13:18, 20, 28, 29; 14:15; 16:16; 17:20(2회), 21; 18:16, 17, 24, 25, 29; 19:11, 12, 15; 21:10, 31; 22:10, 31; 22:16, 18, 29, 30; 23:42, 51.

240) Maddox, *The Purpose of Luke－Acts*, 133.

241) Maddox, *The Purpose of Luke－Acts*, 133.

라는 예수 자신, 빌립, 바나바, 그리고 바울에 의해 다양하게 선
포된다. 이 구절들 각각의 맥락은 매독스가 누가-행전의 하나
님 나라 읽기를 통해 도달했던 결론을 확증하는 것처럼 보인다.
"누가의 실제 관심은 (일반적으로 추측되듯이) 하나님의 나라가
언제 올 것인가에 있지 않고 오히려 누가 거기에(하나님의 나라
에) 들어갈 자격을 얻을 것인가에 있다."242) 시작은 1:6에서 제
자들의 질문에 대한 정정을 예상케 한다. 그리고 28:23, 31에서
그것의 최종적 성취가 발견된다.243)

2. 선교

퍼스캐즈(Puskas)는 다음과 같이 지적했다. "누가-행전 연구
는 그리스도의 위임(행 1:8)과 바울의 로마에서의 선교와 관계
가 있음을 자주 암시하곤 했다."244) 이런 예상되는 세계 선교
주제는 종결 장면에서 성취됨이 발견된다. 예수는 그의 제자들
이 증인들이 될 것이라고 알려주며, 내러티브의 종결에서 바울
은 하나님 나라를 증명하고 있다. 사도행전 내러티브의 시작은
교회의 세계 선교에 관련된 예수의 마지막 말들을 제시한다. 유

---

242) Maddox, *The Purpose of Luke-Acts*, 106.
243) Arthur Wainwright, "Luke and the Restoration of the Kingdom to Israel", *ExpT* 89 (1977).
244) Puskas, "The Conclusion of Luke-Acts", 91-92.

사한 주제가 바울의 마지막 말들(행 28:28) 가운데 드러난다. 사실 대부분의 학자들은 바울의 로마 도착을 예수가 그의 제자들에게 '땅 끝까지' 증인이 되라고 한 예수의 위임을 성취한 것으로 본다. 이에 관해서 퍼스캐즈는 다음과 같이 언급한다.

> 세계 선교 주제와 관련해서, 행 28장과 행 1장의 관계는 다음의 태도로 볼 수 있을 것이다: 성령을 입은 사람(9:17-18; 13:2-3; 참조 1:8)인 바울은 이방인의 세계인 '땅 끝'에까지 복음을 전하여 줌으로 로마에서 그리스도의 증인(23:11; 28:23, 31; 참조 1:8)으로서의 기능을 수행한다. 그럼으로써 바울은 사도행전에서 그러한 기능을 완성하는 데 그리스도의 위임을 가져왔다.[245]

땅 끝과 로마 사이의 연결이 확실한 것은 아니다. '땅 끝'이 지시하는 것을 로마에만 한정하려고 하는 것은 매우 주의해야 할 시도이다. 행 1:8의 '땅 끝'이라는 구절은 또한 일반적으로 이방인 세계를 의미하며 행 13:47/사 49:6에서도 사용되고 있다.[246] 왜 내러티브의 끝이 2년 동안의 로마에서의 바울의 활동을 언급하는 것일까? 그보다는 이방인 세계에 대한 그의 선교 혹은 적어도 그의 죽음에 대한 언급을 하는 것이 적절하지 않은가?

---

245) Puskas, "The Conclusion of Luke-Acts", 93.

246) Puskas, "The Conclusion of Luke-Acts", 92.

실제 저자가 아마도 로마 밖에서 선교 활동에 대한 어떤 언급도 억제하게 한 로마에서의 바울의 죽음을 알았을 것이라는 사실을 제외하더라도, 플롯 전개는 표면적으로 문제의 결론을 적절한 종결로 만든다. 분명한 것은, 플롯은 행 28:30-31에서 로마에서의 바울 선교에 대한 언급을 요구하지 않는다는 점이다. 오히려 바울이 로마에서 그리스도의 증인이 되어야만 한다는 23:11에서 발견되는 그 예언은 행 28:16-29에서 이미 성취되었다. 특정 도시에서 2년이라는 특별한 언급으로 끝나는 것은 계속되는 확산과 확장으로 플롯의 종결을 제공하고자 하는 화자의 독특한 방법일 것이다. 이런 특성은 내러티브의 종결을 용이하게 한다. 그러므로 행 1:8에서 예수의 세계 선교에 대한 예언과 행 28장에서 이방 세계의 중심인 로마에서 보여준 바울의 행동 사이에는 명백한 연관성이 있다.

3. 가르침

'가르치다'라는 용어가 사도행전의 시작과 종결 부분 모두에 나타난다. 그것은 물론 사도들과 바울이 한 중요한 활동이다. 화자는 가르침에 대한 언급으로 틀 짜기를 하면서 가르침 사역의 중요성을 강조했으며, 바울과 예수의 병행적인 활동을 부각시켰다. 다른 변화는 이 마지막 언급에서 완료되었다: 예수는 더 이상 가르치는 자가 아니라 가르침의 주제이고, 선포하는 자가 아니라 선포되는 자이다.[247]

알려지지 않은 것과 이해되도록 권고된 것 사이의 흥미로운 대조를 지적할 수 있다. 제자들은 하나님이 정하신 때와 시기를 모르고 있었던 반면, 바울은 유대인들에게 구원이 지금 유효함을 알 것을 기대했다. 이 '앎'의 문맥에서 표현됨으로 해서, 예수의 마지막 말('땅 끝까지 …… 증인이 되라')과 바울의 마지막 말('여러분은 이 하나님의 구원이 이방인들에게 전파되었음을 알아야 합니다')은 상호보완적이다.

---

247) 이것은 특히 초대 교회의 케리그마와 밀접하게 관련된다. 특히 예수의 선포와 초대 교회의 선포에 있어서의 '가르침'의 주제에 대해서는 Bultmann, *Theologie des Neuen Testaments*; 허혁 역, 『신약성서신학』 (서울: 성광문화사, 1991), 30 이하를 참조할 것.

II. 계승실현의 프레임: 유대인의 거부

사도행전의 승천 내러티브와 관련되는 중핵들은 언어, 행위, 혹은 등장인물 그룹화가 끝에서만이 아니라, 본문 속의 연속물에서 드러날 때 발생하는 것으로 이해할 수 있다. 사도행전에서 중핵들을 통한 플롯 전개는 인과성보다 더 두드러진다. 아래에서는 행 1:6−11이 내러티브의 중간 부분과 가지는 관계를 중핵 형성에 관련 된 몇 가지 플롯 전략들을 통해 분석할 것이다. 특별히 내러티브 시작에서 기대되고, 중간에서 발전되고, 종결에 의해 마무리되는 주요한 플롯 전략들에 주의를 집중할 것이다. 우리는 행 1장에서 예상되는 부수적인 플롯 전략들에도 불구하고 1:6−8의 제자들의 질문과 예수의 응답에 반영되어 있는 이방인 선교에서 이스라엘의 위치에 관련한 주제에 한정하도록 할 것이다.[248]

분석에 앞서 방법과 관련해 몇 가지 주의해야 할 점들이 있다. 첫째, 이전 연구들의 주된 방법론적 약점은 구원사에 관련된 누가의 관점을 조직화하기 위해 내러티브로부터 여러 구절들을 왜곡해왔다는 점이다.[249] 이러한 방법론적 문제를 극복하기 위해, 우리는 개막 내러티브에서 시작하여 복음에 대한 유대인들의 응답들을 연속적으로 추적할 것이다. 둘째, 타이슨(Tyson)이 지적한 것처럼 '유대인 무리에 관련된 누가의 태도에 대한 논의에 공헌한 대부분의 학자들은 ……사도행전에 대한 그들의 관심에 한정'되었다.[250] 셋째, 이전의 연구들의 다른 불완전한 점은 복음에 대한 유대인들의 반응에만 집중했다는 점이다. 화자의 풍부한 플롯 전개를 이해하기 위해 예수의 메시지를 수용한 사람들, 즉 기독교 공동체의 반응을 고찰하고 그에 관련된 플롯 전개의 흔적을 검토할 것이다.

이러한 방법론적인 관심들은, 누가-행전의 연구는 다음 사실에 주의해야 한다고 제안하는 존슨(Luke T. Johnson)에 의해 좀 더 일반적인 방법으로 표현되었다.

---

248) R. C. Tannehill, "Israel in Luke-Acts: A Tragic Story", *JBL* 104 (1985): 69-85. 이외의 전략들은 채트만의 표현대로 하자면 중핵이 아닌 '위성'(satellite)인 것이다. Chatman, *Story and Discourse*, 61-62.

249) J. B. Tyson, "The Jewish Public in Luke-Acts", *NTS* 30 (1984): 574-583; J. T. Sanders, "The Salvation of the Jews", *in Luke-Acts: New Perspectives from the Society of Biblical Literature Seminar*, ed. C. H. Talbert (New York: Crossroad, 1984), 104-128.

250) Tyson, "The Jewish Public in Luke-Act", 575.

누가-행전은 전체로서 취급되어야 하는, 하나의 이야기이
다. 그것은 시작과 끝, 그리고 어떤 인과성의 요소들을 가
지고 있다. 그 이야기는 선적이며, 사태는 변하고 발전한
다. ……이것이 하나의 이야기이기 때문에, 독자는 이야기
에 있는 한 구절이 나타나는 위치에 주의해야 한다. ……이
야기 흐름은 수용과 거절의 시종 일관된 패턴을 가지고 있
다. 이러한 패턴 내에 있는 구절들의 배치를 무시한다면
오독(誤讀)을 초래할 수 있다.[251]

이러한 두 궤도-즉 예수의 가르침 및 선포를 수용하는 사람
들의 상승과 그를 거부하는 사람들의 추락은 사도행전의 서사
적 도식에서 대칭적인 플롯을 형성한다. 이것이 사도행전의 중
핵이 되는 플롯 사건들이다. 선교와 유대인들의 거부는 이 부분
의 주요 논점이다. 이러한 내러티브 패턴화는 사도행전 내러티
브의 플롯 전략을 적절히 기술하고 있다. 예수 자신은 나아간다.
그에 관한 메시지는 플롯을 따라 움직인다. 부재하지만 신비스
럽게 존재하는 다른 주요 인물들처럼, 예수는 행 1장에서의 승
천 이후에는 무대에 다시 나타나지 않는다. 확실한 것은 스데반
이 환상 가운데 하나님의 오른편에 서 있는 예수를 보고, 예수
의 목소리가 바울의 다메섹 체험을 이야기하는 가운데 들렸다

---

251) L. T. Johnson, "On Finding the Lukan Community: A Cautious Cautionary Essay", *SBL Seminar Papers* (Missoula: Scholars Press, 1979), 87-100.

는 것이다. 그러나 '지상의' 예수 자신은 다시 나타나지 않는다. 예수는 '광범위한 응답들을' 이끌어내고 '주요한 행위와 다양한 등장인물들의 생각에서 떠오르는' 인물이다. 예수는 내러티브 속의 많은 갈등들을 떠받치고 있다. 예수는 그를 따르는 사람들과 그를 거부하는 사람들을 구분하는 경계가 된다. 그를 거부하는 사람들은 가장 엄밀한 의미에서 상실을 경험한다. 세계 선교는 예수 그리스도의 복음을 확산시키는 것이다. 예수는 베드로의 설교에서 해석되고, 바울에 의해 회당에서 선포된다. 아래에서 우리는 다양한 플롯 전략들이 어떻게 이러한 내러티브의 패턴화를 지원하는가를 검토할 것이다.

예수의 부재는 사도행전의 기독론에 '부재 기독론'이라는 명칭을 붙여주었다.[252] 그러나 그의 이름은 사도행전 내러티브에 적어도 69회 이상 나타나고 28장들 중에 24개의 장들에서 볼 수 있다. 그리고 대부분 베드로와 바울의 설교들과 화자의 해설 속에 나타난다.

오툴(O'Toole) 또한 사도행전에서 예수가 중요한 역할을 수행하고 있음을 지적했다.

부활한 주는 그의 교회의 전 삶 속에서 행동하고 현재한다.

---

252) C. F. D. Moule, "The Christology of Acts", *Studies in Luke-Acts: Essays Presented in Honor of Paul Schubert*, ed. L. Keck and J. Louis Martyn (Nashville: Abingdon, 1966), 159-185; O'Toole, "Activity of the Risen Jesus in Luke-Acts", *Bib* 62 (1981): 471-498.

그는 그리스도인들을 이끈다. 그들의 선교는 그리스도의 선교이다. 그는 그의 제자들에게 사명을 주고 지도한다. 그들이 박해를 당할 때, 그는 격려하고, 지지하며, 지켜준다. 그의 능력은 그들에게 기적을 일으키기에 충분했다. 그들이 설교할 때 그도 설교하고, 그들이 들을 때 그도 들었다. 그들의 구원은, 현재하는 경험이고 실재인, 오직 그로부터만 올 수 있다. 그들은 그의 이름으로 세례를 베풀었고 성찬식에서 그의 현존을 실감한다. 물론 하나님과 성령이 활동하시지만 부활한 그리스도에 입각한 중요한 활동이 없는 교회는 누가의 교회가 아니다.[253]

유대인 무리 일부에 의한 복음 거부의 패턴이 있다는 것은 분명하다. 더 적절하게 다음과 같이 물어야 한다. 유대인들의 이야기에서 나타나는 거부 패턴의 유형은 무엇인가?[254] 그 질문에 답하기 위해, 첫 번째로 유대인들 일부가 복음에 대해 긍정적인 응답을 한 구절들을 검토할 것이다. 이것은 거부 구절에 대한 분석을 수반하게 될 것이다. 여기서의 목적은 이스라엘의 하강과 완고함이 1:6의 제자들의 질문에 의해 예측되고 있으며 내려

---

253) O'Toole, "Activity of the Risen Jesus in Luke-Acts", 497. 또한 다음의 학자들을 참조. G. MacRae, "Whom Heaven Must Receive Until the Time: Reflections on the Christology of Acts", *Int* 27 (1973): 160; J. A. Ziesler, O'Toole, "Activity of the Risen Jesus in Luke-Acts", *Bib* 62 (1981): 471-498. "The Name of Jesus in the Acts of the Apostles", *JSNT* 4 (1979): 28-41.

254) E. Richard, "The Divine Purpose: The Jews and the Gentile Mission(Acts 15)", in *Luke-Acts: New Perspectives from the Society of Biblical Literature Seminar*, ed. C. H. Talbert (New York: Crossroad, 1984), 198.

티브의 나머지 전체에서 플롯 전략에 의해 발전되고 있음을 보여주는 데 있다.[255]

1. 유대인들의 복음 수용

사도행전의 처음 아홉 장들에는 많은 유대인들의 회심이 기록되어 있다: 2:41, (47); 4:4; 5:14; 6:1; 7장; 9:42.[256] 화자는 최초의 제자들이 유대인이었음을 분명히 한다(1:13-14, 21). 그래서 오순절과 베드로의 설교 후에 "유대 사람들과 예루살렘에 거주하는 모든 사람들"로 부르는 약 삼천 명이 "그의 말씀을 받아들이고 세례를 받았다." 비록 그 그룹 중에는 분명히 몇몇 이방인들이 있었을지라도(2:9-11, 특히 10절의 '개종자'를 보라), 설교의 청중들과 예루살렘이라는 장소는 '개종자'의 압도적인 다수가 유대인들이었음을 지적하는 것이다. 게다가 '구원받은 사람들' 중 다수가 행 2:47의 요약적 진술에서 언급된다. 그런데 그 진술의 맥락이 다수의 유대인들이 있었다는 사실에 의존하고 있다.

---

255) N. Petersen, *Literary Criticism for New Testament Critics* (Philadelphia: Fortess, 1978), 83-91; Tannehill, "The Compositon of Acts 3-5: Narrative Development and Echo Effect", *SBL Seminar Papers* (Chicago: Scholars Press, 1984), 217-240.

256) Jervell, *Luke and the People of God* (Minneapolis: Augsburg, 1972), 44.

행 4장을 보면 많은 수의 사람들(약 오천 명의 남자들)이 '말씀을 듣고, 믿었다'(4:4). 그곳이 성전 지역이라는 것을 고려한다면 절대 다수가 유대인들이었다고 제안할 수 있을 것이다. 또한 5장과 6장은 유대적 맥락을 전제하고 있다. 5장은 솔로몬의 행각이 그 배경이다: "믿고 주께로 나아오는 자가 많으니 남녀의 큰 무리더라"(5:14). 6장은 성전에서 선포하는 사도들에 대한 언급으로 시작한다: "그때에 제자가 더 많아졌는데." 잠시 후에 그 언급은 더 분명해진다: "예루살렘에 있는 제자의 수가 더 심히 많아지고", 계속해서 기록하기를 "허다한 제사장의 무리도 이 도에 복종하니라"(6:7). 화자는 욥바에서(9:42) "많이 주를 믿었다"는 것을 기록한다.[257]

예르벨(Jervell)은 '유대인 무리의 개종'을 가리키는 다른 구절들을 목록화했다: 12:24; 13:43; 14:1; 17:10 이하; (19:20); 21:20.[258] 그러나 최근 샌더스(Sanders)는 이 구절들에 대한 예르벨의 해석에 도전했다.[259] 내러티브의 연대순으로 따라 이동하면 첫 번째로 행 12:24에 이른다. 이 구절에 대해 샌더스는 다음과 같이 언급했다: "그 기록이 현재의 맥락으로부터 전적으로 단절되어 있는 새로운 개종자를 언급한다는 것은 가능하기 때문에, 그것은 명시적인 개

---

257) M. S. Enslin, "Luke and the Samaritans", *HTR* 36 (1943): 281; J. Bowman, *Samaritanische Probleme* (Stuttgart: Kohlhammer, 1967), 62; H. J. Cadbury, *The Making of Luke-Acts* (London: SPCK, 1961), 257; Jervell, "The Lost Sheep of the House of Israel: The Understanding of the Samaritans in Luke-Acts", *Luke and the People of God, 123*.

258) Jervell, *Luke and the People of God*, 44.

259) Sanders, "The Salvation of the Jews", 108-113.

종 언급인 이전의 요약 진술들과는 현저하게 구별된다."[260]

화자가 이러한 점에 의해 독자가 그의 진술을 이해할 것이라고 가정하는 것은 가능하다(6:7; 7:18; 9:31의 더 충분한 진술들을 보라). 비록 그 언급이 예르벨의 주장처럼 유대인의 개종에 대한 것이라고 할지라도 그 언급이 함축적이고 명시적이지 않음을 관찰하는 것은 중요하다. 이것이 21:20을 제외하고는 유대인 무리들의 개종에 대한 마지막 언급이다.

만일 우리가 '설득'이 개종을 암시한다는 예르벨의 제안을 받아들인다면, 유대인의 개종을 언급하는 다음 구절은 13:43이다.[261] 여기서는 많은 유대인들이 의심할 바 없이 개종한 이방인들에 대한 언급인 '유대교로 개종한 경건한 사람들'과 결합된다. 물론 이보다 앞서 독자는 이방인들을 포함하는 많은 수의 개종자들을 추론할 수 있었을 것이다. 그에 반하여 여기서는 유대인의 긍정적 응답의 맥락에서 처음으로 그것이 명시적으로 드러난다. 디아스포라 선교에서 다시금 믿는 유대인들에 대한 언급이 이제 헬라인들과 이방인들에 대한 언급들과도 결합된다(14:1; 17:10). 18:4에서도 바울은 '설득되는 유대인과 이방인들'로 기록한다. 회당장 그리스보의 개종 이후에 이방인 선교의 맥락에서 유대인의 개종에 대한 다른 명시적인 언급이 나타나지 않는다.[262] 19:26에서 데메드리오는 바울이 많은 군중을 '설득'

---

260) Sanders, "The Salvation of the Jews", 111.

261) 이에 대한 샌더스의 주장(설득이라는 말에 대한)을 참조. Sanders, "The Salvation of the Jews", 108.

했다고 불평한다. 에베소에서 기껏해야 동료 무리들이 유대인임을 암시하고 있는 헬라 은세공인의 입으로 발설된 그 언급은 사도행전의 이전 언급들이 이방인을 포함하고 있다고 추측하게 할 수 있을 뿐이다.

행 21:20에는 '유대인 중에 믿는 자 수만 명이 있다'라는 언급이 나온다. 예르벨은 이 구절을 복음에 대한 유대인들의 응답이 증가하고 있다는 증거로 받아들였다.[263] 그러나 샌더스는 그에 반대한다: '그러므로 우리는 6:7 이후 예루살렘에서 개별적인 유대인의 회심에 대한 가정 없이 21:20에 주어진 요약에 도착하게 된다.'[264] 기독교의 메시지에 대한 유대인들의 저항이 강화됨을 볼 때 샌더스의 입장이 본문에 대한 더 그럴듯한 해석인 듯하다. 유대인 개종자들의 영광의 날들이 가득한 것으로 그려진다.

유대인들은 예수에게 단호하게 응답했기 때문에 긍정적으로 묘사된다. 내러티브의 시작에서 창조된 유대인들의 이미지는 개방적인 것이다: 선교의 초반부터 복음이 선포될 때 그들은 회개한다. 그러나 내러티브의 시작은 배교와 불신의 단계를 준비할 뿐이다. 동일한 예수와 그에 관한 메시지는 후에 부정적인 반응들을 불러일으킬 것이고, 이스라엘의 위엄, 지위, 그리고 사도행

---

262) Sanders, "The Salvation of the Jews", 109.

263) Jervell, *Luke and the People of God*, 46.

264) Sanders, "The Salvation of the Jews", 112.

전에 나타나는 구원조차 더 비극적인 상실로 이르게 될 것이다.

2. 갈등 장면들

동시에 예수에 관한 메시지에 대해 유대인들의 돌이킴이 점점 감소하는 것으로 기록되고 있다. 유대인들과 기독교 선교사들 사이의 갈등장면은 강도와 빈도 면에서 점점 증가한다. 이미 우리는 갈등 장면이 하나의 플롯 장치로서 중요한 역할을 하고 있음을 살펴보았다.[265] 누가복음에서 예수는 종교 지도자들과 갈등에 처하게 되는 인물이다. 아래에서는 사도행전 갈등 장면을 연속적으로 검토할 것이다. 특히 성전과 회당 주변에서 발생하는 갈등에 집중하도록 하겠다.

첫 번째 충돌은 예수와 제자들 사이에 일어나는데, 승천 내러티브에 기록되어 있다. 제자들은 묻는다. '주님, 이스라엘 왕국을 회복하실 때가 지금입니까?' 이에 대한 예수의 대답은 이스라엘이 회복 저 멀리에 있다는 것을 함축하지는 않는다. 그러나 그러한 회복은 제자들의 일차적 과제가 아니다.

예수는 제자들에게 그때를 알 수 없다고 대답한다. 그리고 그

---

265) J. B. Tyson, "Conflict as a Literary Theme in the Gospel of Luke", *New Synoptic Studies: The Cambridge Gospel Conference and Beyond*, ed. William R. Farmer (Macon: Mercer University Press, 1983), 303–327.

회복이 즉각적으로 일어날 것이라는 추측을 교정한다. 그러나 예수의 대답이 이스라엘 왕국의 회복 가능성을 거절하는 것은 아니다.266) 오히려 예수의 대답은 이제 하나님의 나라를 제자들이 세계의 먼 구석에 이르기까지 선포하기 위해 대리인이 되는 것이 일차적 과제라고 확신한다.267) 회복 과정은 하나님의 손과 메시아(행 1:7; 3:19−21)를 상기시킨다. 그것은 제자들의 선교가 아니며, 그들이 회복에 대해 알고 있던 세목들과도 다른 것이다. 이처럼 제자들의 질문과 예수의 대답은 플롯 전개에 도움이 된다.268)

---

266) Tannehill, "Israel in Luke−Acts", 76.

267) D. L. Tiede, "Acts 1.6−8 and the Theo−Political Claims of Christian Witness", *Word and World* 1 (1981): 41.

268) Haenchen, *Acts*, 16−26. 다음은 사도행전의 갈등장면들을 정리한 것이다.

항목	문맥	하나님의 백성	하나님의 대리인	갈등
1:6−8	감람산	제자들	예수	1:6−8
3:1−4:21	성전	제사장들/ 사두개인들 성전 맡은 자	베드로, 요한	4:1−21
5:21−42	성전		사도들	5:28−32
6:8−8:1	예루살렘	장로들, 서기관들 백성들	스데반	6:9−13
9:29	예루살렘	헬라파 유대인들	바울	9:29
13:4−12	구브로	바예수	바울	13:10−12
13:13−52	회당	유대인들	바울/바나바	13:45−52
14:1−5	회당	유대인들 (이방인들)	바울/바나바	14:4−5
14:8−19	루스드라	유대인들	바울	바울
17:1−9	회당	유대인들	바울	17:4−5
18:1−11	회당	유대인들	바울	18:6
21:26 이하	성전	아시아의 유대인들	바울	21:27 이하

다음 갈등은 오순절 내러티브에 등장하는 제자들과 참석자들
(아마 대부분 유대인들이었을 것이다) 사이에서 발생한다. 경탄,
당혹스러운 반응, 그리고 조롱의 말이 나온다: "저들이 새 술에
취했다"(2:13). 베드로는 그때를 상황에 대한 오해를 바로잡을
뿐 아니라 그들이 십자가에 못 박고 하나님이 죽은 자들로부터
살리신 예수에 대한 메시지를 전할 기회로 삼았다(2:22 − 36).[269]
그 설교는 후에 유대인들의 화를 초래할 것이다. 그러나 이 지점
에서 그것은 그들의 회개, 개종, 그리고 세례로 인도하고 있다
(2:37 − 42).

행 3 − 4장에는 첫 번째 성전 갈등 장면이 기록되어 있다. 여
기에서 하나님의 대리인은 베드로와 요한이다. 적대자는 제사장
들, 성전 맡은 자, 그리고 사두개인들이다. 논쟁의 핵심은 제자
들이 "죽은 자들로부터 부활하신 예수를 선포했다"(행 4:2)는
것이다. 유대 지도자들은 예수의 이름으로 말하거나 가르치지
말라고 경고한다(4:17, 18). 그러나 그 메시지는 백성들 가운데
더욱 확산된다(4:17). 결국은 하나님의 말씀이 공개적으로 선포
된다(4:31). 이 두 장의 플롯은 다양한 예수에 대한 응답들을 따
라 전개된다. 유대 백성들에 의해 수용되었던 동일한 메시지가
지도자들(제사장들, 성전 맡은 자, 그리고 사두개인들)에 의해서
거부된다.

---

269) W. S. Kurz, "Hellenistic Rhetoric in the Christological Proof of Luke − Acts", *CBQ* 42 (1980):
171 − 195. 커즈는 누가가 일반적으로 헬라적 수사학의 규칙을 따른다고 주장한다.

두 번째 성전 갈등 장면은 솔로몬의 회랑을 배경으로 한다
(5:12 이하). 참여자의 수와 갈등의 강도가 높아진다. 여기에서
하나님의 사자들은 모든 사도들을 포함한다. 상대역은 대제사장
과 사두개인들이 담당한다. 탈출 후에 사도들은 다시 성전에서
발견되고 공회 앞으로 끌려온다(5:27). 대제사장들이 한 경고의
핵심은 사도들이 '그의 이름으로 가르치지' 말아야 한다는 것이
다. 그들의 주장은 '이 사람의 피를 우리에게 돌리려고 한다는'
것이다(5:28). 4장에서의 갈등처럼, 베드로와 사도들은 그리스도
중심적 메시지로 응답한다(5:29-30). 갈등은 심화되고 그들을
죽이려고 했던 비난자들은 가말리엘의 날카로운 조언에 설득되
어 그 뜻을 거두었다(5:34-40). 그 적대자들은 사도들을 매질한
후에 '예수의 이름으로' 말하지 말 것을 명하였다(5:40). 하지만
사도들은 계속해서 매일 예수 그리스도를 선포하고 가르치는
것으로 묘사된다.

갈등의 강화가 디아스포라, 특히 아시아 지역 유대인들이 스
데반과 논쟁하는 6:9에서 계속된다.[270] 그들은 스데반의 죽음을
모의하고, 장로들과 서기관들뿐 아니라 이제까지는 예수의 메시
지에 분명히 응답했고 또 사도들의 가르침과 활동에 최선의 놀
람과 경이를 표했던 백성들까지도 충동질했다(6:12). 스데반의
마지막 말("의인이 오시리라 예고한 자들을 저희가 죽였고, 이

---

270) J. Polhill, "The Hellenistic Breakthrough: Acts 6-12", *Review and Expositer* 71 (1974): 474-486.

제 너희는 그 의인을 잡아준 자요 살인한 자가 되었다”)은 유대인들을 격노하게 했다(7:52). 이들의 분노가 극에 달하는 가운데 스데반에게 나타난 ‘하나님의 오른편에 서 있는 예수’에 대한 비전(7:55)은 비록 대화가 부재한다 할지라도, 예수가 여전히 유대인들과 그리스도인들 사이의 갈등 장면들의 일부라는 사실을 강조한다. 스데반은 예수처럼 그의 박해자들에 대한 용서를 요청하며 순교자의 모습으로 죽는다.[271]

사도행전 8장은 예루살렘 교회에 박해가 나서 사도 외에는 다 유대와 사마리아 모든 땅으로 흩어지게 되는 ‘큰 박해’에 대한 언급으로 시작한다(8:1-2). 이 언급은 예루살렘에서의 열정적인 그리스도교 선교를 묘사하는 부분의 결론이다. 여기에는 예수의 메시지에 응답했던 유대인들의 이전 모습들과 예루살렘에 만연한 교회에 대한 박해를 암시하는 내용 사이의 대조가 날카롭게 드러난다. 화자는 사마리아 증언을 포함하는 에피소드가 기술된 후 독자에게 바울이 여전히 교회에 대한 위협을 하고 있음을 상기시킨다(9:1). 회심 이후 바울은 예루살렘에서 공개적으로 선포하며(9:29), 그를 죽이고자 하는 헬라파 유대인들과 논쟁을 벌인다(9:29).

12장에서는 요한의 형제 야고보의 죽음에 유대인들이 기뻐하고 있음을 전한다(12:3). 여기에서 중요한 것은 유대인 지도자들

---

271) C. H. Talbert, “Martyrdom and the Luke Social Ethic”, in *Political Issues in Luke-Acts*, ed. R. J. Cassidy and P. J. Scharper (Maryknoll: Orbis, 1983), 98-100.

과 불특정의 유대인 무리 사이의 구별이 사라졌다는 사실이다. 하나님의 백성이라는 유대인의 특별한 지위에 대한 비극적 역전은 서서히 모습을 드러낸다.

13장과 함께 우리는 바울의 선교적 노력과 회당 장면의 시작을 보게 된다. 대부분의 회당 에피소드들에서 그 선교의 결과는 부정적이다. 즉 배제, 박해, 혹은 철회로 나타난다.[272] 행 13:4-12은 바보에서 있었던 서기오 바울의 회심에 대해 보고한다. 거기서 바예수라 하는 유대인 거짓 예언자는 복음을 향한 그의 태도의 완고함을 보여줄 뿐 아니라, 바울, 바나바, 그리고 요한의 반대자로도 나타난다. "저희를 대적하여 믿지 못하게 힘쓰니"(13:8). 예수의 복음을 인식하는 데 영적으로 눈멀었던 바예수와 엘루마에 대한 벌은 소경이 되는 것이었다.

다음 회당 갈등 장면은 비시디아 안디옥에서 발생한다. 이때 바울은 하나님의 대리인이고, 유대인들은 상대자이다. 유대인들은 다시 그리스도 중심적 메시지를 전하는 바울의 가르침에 이의를 제기했다(13:16-41).[273] 여기에서 우리는 복음 선교가 이방인들에게로 돌아설 것이라는 세 개의 경고 중 첫 번째를 보게 된다. 다시 예수가 불화 발생 및 유대인들의 상실의 원인이라는 사실이 암시된다.

'유대인들'에 의해 안디옥에서 쫓겨난 후, 바울과 바나바는

---

272) Richard, "The Divine Purpose", 197.

273) R. O'Toole, "Christ's Resurrection in Acts 13, 13-52", *Bib* 60 (1979): 361-372.

이고니온에서 문제에 직면했는데, 그때 '믿지 않는 유대인들'이 이방인들을 선동하고 바울과 바나바에게 돌을 던지려고 했다 (14:5). 루스드라에서 이들 완고한 유대인들이 안디옥과 이고니온으로부터 와서 무리를 선동하여 바울에게 돌을 던지도록 강요하여 죽은 줄로 알고 그를 성 밖으로 내쳤다(14:19). 그다음 회당 갈등 장면은 데살로니가에서 일어난다. 다시금 바울이 행한 예수에 대한 설교(17:3)는 몇몇 사람들을 설득하였고 유대인들이 시기하게 되는 원인(5:17; 13:45 참조)이 되어 폭동이 발생하였다. 이때 화자는 유대인들의 타락이 극에 달했음을 암시하는 '어떤 괴악한 사람들'과 함께 소동을 일으켰다는 흥미로운 세부 묘사를 첨가한다. 그 장면은 베뢰아에서 반복된다. 그때 데살로니가의 유대인들이 거기로 가서 바울과 실라에 대적하도록 백성들을 선동하였다. 바울은 베뢰아를 떠나 아덴에서 '유대인들과 함께 회당에서' 논쟁하는 것으로 기록되었다(17:17).

마지막 회당 갈등 장면은 고린도에서 일어난다(18:1 – 11). 바울은 그 그리스도가 예수였다고 유대인들에게 선포했다. 다시 '유대인들'이 그를 반대했다. 바울은 두 번째 경고로 응답했다. "이후에는 이방인에게로 가리라"(18:6). 이 지점에서 하나의 새로운 요소가 갈등 문맥에 도입된다. 바울은 회당 옆집(디도 유스도의 집)으로 옮겨 가고 그 장면은 회당장 그리스보와 그의 온 집이 주를 믿고 세례를 받는 것으로 끝난다(18:8). 이 장면은 유대인의 개종에 대한 마지막 특별한 기록이다.

유대인들의 완고함은 내러티브를 절정으로 인도하도록 강화하는 일을 계속한다. 바울은 평소처럼 에베소 회당에서 담대하게 말한다(19:8-10). 석 달 후에 바울은 그들을 떠난다. 왜냐하면 "어떤 사람들이 마음이 굳어 순종치 않음으로"(19:9). 일반적으로 화자는 복음에 대한 약간의 긍정적 응답을 함께 기록하는데, 여기에는 그러한 언급이 없다. 오직 부정적인 결과만이 기록된다. 여기에는 다른 표징이 나타난다. 즉 유대인들이 그들의 지위를 박탈당했다는 것이다.[274) 후에 바울은 유대인들이 그를 해하려는 또 다른 공모를 접하게 된다(20:3).

마지막 성전 장면(21:26 이하)에는 아시아에서 온 유대인들이 무리를 선동하고 있다. 바울은 성전에서 끌려왔고, 백성들은 그를 죽이고자 했다. 그가 히브리 방언으로 '백성들'에게 변호를 하는 동안(21:40), 유대인들은 아주 심한 욕설로 바울의 변론을 중단시켰다. "이러한 놈은 세상에서 없이 하자 살려 둘 자가 아니다"(22:22).

유대인들의 까다로운 특성은 바울이 재판을 받는 동안 그에 의해서 이용된다. 그때 신학적 논쟁이 격변을 일으켰고, 천부장은 바울이 "저희에게 찢겨질까 하여" 그를 영문으로 데리고 들어가게 하였다(23:10). 유대인들의 이러한 필사적인 태도는 화자

---

274) Richard, "The Divine Purpose", 198.

가 "바울을 죽이기 전에는 먹지도 마시지도 않겠다"는 그들의 자해적 약속을 기록함으로 신랄하게 전달된다(23:13; 23:13-22을 보라). 대제사장들과 유대인들의 연합은 화자와 독자에 의해 주목받지 못한다(24:9; 25:7). 후에, 로마 총독 베스도는 바울에 대하여 "이 사람은 유대의 모든 무리가 크게 외치되 살려두지 못할 사람이라고 하여 예루살렘에서와 여기에서도 내게 청원하였"(25:24)음을 책망했다. 이 구절에 관해서, 타이슨은 "아마도 누가는 행 25:24에서 바울에 대한 전적 거부를 강조하길 희망했을 것"이라고 하였다.[275]

25-28장 대부분은 바울의 재판[276]과 로마로의 항해[277]에 할애되어 있다. 그러나 내러티브의 마지막 장면은 사도행전 유대인들의 동향에 대한 우리의 고찰에 미심쩍은 점을 남겨준다. 바울은 많은 유대인 지역 지도자들을 받아들이고 예수와 하나님의 나라에 대해 그들을 납득시키고자 노력한다. 그 결과는 "그 말을 믿는 사람도 있고 믿지 않는 사람도 있었다"는 것이었다(28:24). 바울의 연설은 유대인들에 대한 세 번째 경고("하나님의 이 구원을 이방인에게 보내신 줄을 알라", 28:29) 형식의 약

---

275) Tyson, "The Jewish Public in Luke-Acts", 581.

276) R. O'Toole, *Acts 26: The Christological Climax of Paul's Defense* (Rome: Biblical Institute, 1978)과 서용원, 「사도행전의 재판보도 연구」, 『생존의 복음』, 128-145 참조.

277) 사도행전의 여행 이야기에 대해서는 Loveday Alexander, "In Journeyings Often: Voyaging in the Acts of the Apostles and in Greek Romance", in *Luke's Literary Achievement. Collected Essays*, JSNTSup 116, ed. C. M. Tuckett (Sheffield: Sheffield Academic Press, 1995), 17-49 참조.

속으로 끝난다. 예르벨은 복음에 긍정적으로 응답하는 유대인들에게 복음의 문이 열려 있음을 주장했다. 그 이야기에서 발전된 방법은 그 밖의 어떤 것을 주장하는 것처럼 보인다.[278] 사도행전의 결론에 관해서 타이슨은 다음과 같이 주장했다.

> 종결들은 이야기들의 결론일 뿐만 아니라, 그들은 또한 본론에서 발전된 긴장들을 해결한다. 종결들은 어떻게 그 이야기가 진전되었는지를 말한다. 비록 사도행전이 로마에서의 바울과 함께 그 이야기의 계속됨을 시사한다 할지라도, 그 종결은 그럼에도 불구하고 통상적인 방법으로 작용한다. 초기 장들의 명백한 기쁨에도 불구하고, 그 종결은 가장 인상적인 이야기의 끝이다. …… 끝에서, 유대인들의 예수와 초기 그리스도인들에 대한 받아들임은 무시되고 은폐되고 있다. 유대인 청중은 복음을 듣고 거절한다.[279]

‘땅 끝까지’의 선교는 행 28:31에서 완성된다. 그러나 이스라엘이 회복되리라던 약속은 성취되지 않는다.[280] 내러티브의 끝에 의하면, 중핵적 내러티브 패턴은 이제 ‘유대인들’이 예수의 복음을 거부하는 모든 사람들을 나타내는 것으로, 그 ‘이방인들’

---

278) Jervell, *Luke and the People of God*, 63–64.

279) Tyson, "The Jewish Public in Luke–Acts", 583.

280) 이 진술은 역사적인 것이 아니고 내러티브 분석에 기초한 것이다. 역사적 관점에서 그 내러티브를 다룬 것으로는 J. T. Sanders, "The Parable of the Pounds and Lucan Anti–Semitism", *TS* 42 (1981): 660–668을 참조.

은 그의 이름을 받아들이고, 적어도 기꺼이 그렇게 할 것으로
보이는 사람들을 가리키는 것으로 드러난다.

Ⅲ. 계승실현 공동체의 탄생: 새로운 하나님의 백성, 누가 공동체

사도행전의 시작에서 기독교 공동체는 한마음 한뜻을 이루는 것으로 묘사된다. 승천 이후 제자들은 여인들 및 예수의 가족들과 함께 "마음을 같이하여 전혀 기도에 힘썼다"(1:14). 유다의 후임자는 어려움 없이 선택되었다. 맛디아의 경쟁상대인 요셉 바사바조차 이의의 목소리를 내지 않았다. 행 2:1은 신자들이 모두 한곳에 모여 있음을 기록하고 있다. 신자들은 함께 있으며 모든 물건을 통용하고 있다(2:44−45). 그리고 4:24에서 제자들은 일심으로 그들의 목소리를 높여 하나님을 찬양한다.

기독교 공동체의 이러한 표면적 통일성은 내적 분열에 의해 일찍부터 무너져갔다. 아나니아와 삽비라는 땅값을 감춤으로 사도들을 속이고 친교를 무너뜨렸다(5:1−11). 헬라말을 하는 유대 그리스도인들은 히브리파 사람들[281]이 헬라 과부들을 소홀

히 한다고 불평하였다(6:1 − 16).[282] 두 갈등은 재빠르게 해결되었다. 아나니아와 삽비라는 죽었고, 일곱 사람이 '식탁 봉사'를 위해 세워졌다.

9:26에서는 개종한 바울이 예루살렘에서 제자들의 일부로 과감하게 수용되었다. 그리고 고넬료의 회심은 예루살렘에서 '할례당'과 베드로의 작은 접전을 일으켰다(11:1 − 18). 다시 이 두 작은 접전은 곧 멈추었다. 바나바는 바울 개종의 증인이 된다. 마지막 주요 갈등이 예루살렘 회의에서 발생한다(15장). 베드로, 바울, 그리고 바나바는 할례 의식 없이 교회에 이방인을 포함시킬 것을 주장한다. 다른 신자들, 특히 바리새파의 일부는(15:4) 이에 반대했다. 그럼에도 불구하고 사도 법령은 일치된 타협안을 의미했다(15:22 − 30).

흥미롭게도 이 갈등 장면들 각각에서 화자는 교회의 조화와 성장을 묘사하는 요약 진술을 기록한다. 아나니아와 삽비라에 대한 기사가 마무리된 후 5:14에서 하나의 요약 진술을 읽게 된다. "믿고 주께로 나오는 자가 많으니 남녀의 큰 무리더라." 헬라파와 히브리파 사이의 논쟁 이후에 본문은, "예루살렘에 있는 제자의 수가 더 심히 많아지고" 있음을 전한다. 뿐만 아니라 예루살렘에서 제자들과 합류하기 위한 바울의 시도 이후에도 하

---

281) Haenchen, *Acts*, 260; E. C. Blackman, "The Hellenists of Acts 6.1", *ExpT* 48 (1936 − 1937): 524; C. F. D. Moule, "Once More, Who Were the Hellenists?", *ExpT* 70 (1959): 100 − 102.
282) 서용원, 「사도행전의 베드로와 바울」, 『생존의 복음』, 153 − 155.

나의 요약 진술이 발견된다. "그래서 그 교회는 ……평안하여 든든히 서가고 …… 성령의 위로로 그 수가 더 많아지니라"(9:31). 그리고 인접 문맥에서 베드로와 할례 당 사이의 논쟁에 이어 기록되기를 "…… 수다한 사람이 믿고 주께 돌아오더라"(11:21). 마침내 예루살렘 회의에 이어지는 내러티브에서 안디옥 회중에게 사도 법령을 읽어준 유다와 실라는 "읽고 그 위로한 말을 기뻐하"였다(15:31).

15장의 이방인 논쟁에 대한 해결 이후 기독교 공동체에는 다른 중요한 갈등이 일어나지 않는다. 그러나 교회의 일치와 개종자들에 관한 진술은 나머지 부분에서 계속 언급된다. 적어도 바울의 로마로의 여행과 그의 로마 당국자들 앞에서의 변호에 이르기까지 계속된다(16:5; 17:4; 18:23, 27; 19:20).

유대인들과 그리스도인들 사이의 갈등 장면들과 그리스도교 공동체 내부에 있는 이러한 논쟁들은 독특한 문학적 기능들을 수행한다. 내러티브의 시작에서는 두 그룹 모두 복음에 응답하는 것으로 나타난다. 유대 그리스도인들의 갈등 장면은 유대인들의 쇠락하는 싸움을 기록한다. 이스라엘의 이야기는 내러티브의 시작에서 인상적으로 창조되었기 때문에 더욱 비극적이다. 거기에서 유대인 무리는 복음에 개방적이고 융통성 있게 응답하는 것으로 묘사되었다. 그러나 플롯이 발전됨에 따라 주요 논점은 그러한 묘사가 경감되는 것으로 나타난다. 예수에 대한 거부 또는 수용은 내러티브의 초점이다. 독자는 예수가 실제로 무대에 등장하는 개막 장면에서부터 그의 현존을 인식한다. 그러한 현존은 플롯의 흐름을 따라 움직이는 부재한 등장인물로서뿐만 아니라 예수가 공동체와 관계하고 있음을 계속해서 느끼게 해준다.

그러나 그리스도교 공동체 내부의 갈등들은 플롯에서 교회가 새로운 극점을 향해 나아가게 하는 기능을 담당한다. 공동체 내부 각각의 갈등은 예수의 복음에 응답하는 공동체의 성장, 조화, 그리고 성공을 강조할 수 있는 기회를 화자에게 제공한다. 교회의 성공 이야기는 이스라엘의 비극적 이야기와 나란히 기술된다. 이 두 이야기는 부활한 그리스도에 대한 두 가지 다른 응답 사이의 차이점을 극명하게 보여주는 역할을 한다.

이상의 분석을 토대로 볼 때, 사도행전의 승천 내러티브는 독자들이 초창기 교회의 이야기에 관해 배우면서 계속해서 예수의 이야기를 회상할 것을 요청하는 누가복음과 밀접한 상호관련성을 가지고 있다. 이상의 논의를 토대로 누가-행전의 승천 구조를 정리하면 아래와 같다.

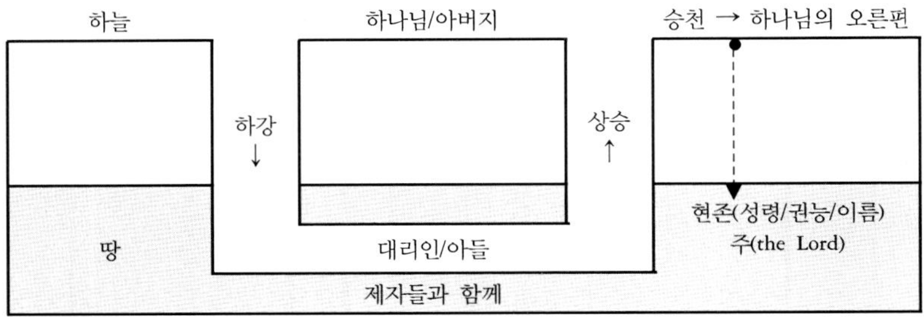

　　누가-행전 내러티브는 다양한 이야기들을 통해 초월적 세계인 하늘과 인간의 삶의 세계인 땅이 밀접히 상호작용하고 있다. 예수는 아버지 하나님의 대리인이자 아들로서 이 땅에 내려온다(유아기 내러티브). 그는 제자들과 함께 계승현실의 모델로 확립된다. 하강의 끝인 십자가와 수난을 전환점으로 예수는 부활-승천하고 하나님의 오른편에 위치함으로 잃어버린 명예를 회복하며 이후 공동체에 현존하는 '주'가 된다. 예수는 성령과 자신의 이름의 능력을 통해 그 현존이 지속적으로 언급된다. 이제 시간의 차원으로 오해되던 그의 삶의 끝이 재림이라는 공간적 차원을 회복함으로(행 1:9-11) 계승실현의 궁극적 의미가 천명된다. 이와 같은 승천의 의미를 보다 분명하게 하기 위해, 2장에서 언급한 것처럼, 누가 공동체의 사회-문화적 배경을 통해 그 내러티브를 바라 볼 필요가 있다.

　　누가 공동체의 에토스를 개관하고 적절한 사회적 배경을 추론해내고자 하는 노력들이 시도되었다. 헬라적 배경에 집중해 누가 공동체를 그려보면 동부 지중해 지역의 도시 문화 속에서 문화적으로 인종적으로 혼합되어 있으나 또한 그들 중의 몇몇은 엘리트의 주변부에 속하는 인물들을 포함하는 비엘리트 계층의 사람들로 이루어진 한 공동체를 보게 된다.283) 그들의 생활은 통합의 수단으로서 봉사하는 식사에 집중되었다. 그러한 통합은 단순히 유대인과 비유대인을 구분하기보다 다양한 신분의 그룹들과 사회적 지위들로부터 공동체에 들어온 멤버들을 겨냥한 것이었다. 그 식사 에토스는 후원, 자선, 그리고 명예의 추구라고 하는 도시적 이상들을 거부함을 의미했다. 도시적 이상들에 대한 그러한 비판은 또한 "엘리트적 상호성"에 관련되어 있는 공동체 멤버들을 향했던 것이라고 추론할 수 있다. 유사한 비평들이 동시대에 스토익과 견유학파에 의해 수행되었다.284) 그러므로 이러한 에토스의 목표는 혼합된 그리스도인 그룹을 위한 공통의 정체성을 창조하고자 하는 데 있었다고 볼 때 가장 잘 이해된다. 이와 같은 누가-행전의 공동체 이해를 갈등문맥과 연계해 정리하면 아래와 같다. 아래의 구조에서 보는 것처럼 누가복

---

283) 이것은 기독교가 "유력한 엘리트들"보다는 엘리트 계층의 "주변부 멤버들"로부터 구성원들을 이끌어 왔다고 하는 타이센의 관찰과 일치한다. G. Theissen, *Social Reality and the Early Christians: Theology, Ethics, and the World of the New Testament* (Minneapolis: Fortress Press, 1992), 270-271.

284) Dio Chrysostom(*ca.* 40-110 C. E.)은 누가 시대를 위한 가장 직접적인 예이다. 그의 Or. 44, 66 참조.

음과 사도행전은 각각 '갈등－대립'이 아니라 '갈등－접촉/대화'
의 구조를 보여준다. 아마도 네 복음서는 모두 이 구조를 전제하
고 있다고 할 수 있다. 그런데 누가－행전에서 특이한 것은 승
천 내러티브에서 드러난다. 이것은 그 내용에서뿐 아니라, 이
내러티브가 누가복음을 종결하며 단순히 결말이 아닌 전체 구
조의 세 번째 부분인 '해결'의 기능을 한다면, 사도행전에서 승
천 내러티브는 전체 구조의 반복으로서 새로운 '갈등'을 촉발시
키는 문맥을 제공하고 있다는 점이다. 이것이 승천 내러티브가
누가－행전에서 특징적으로 부각되는 문학적 기능, 즉 '계승'에
대한 강조인 것이다.

〈표 5〉 승천 내러티브의 문맥적 위치: 갈등요인을 중심으로

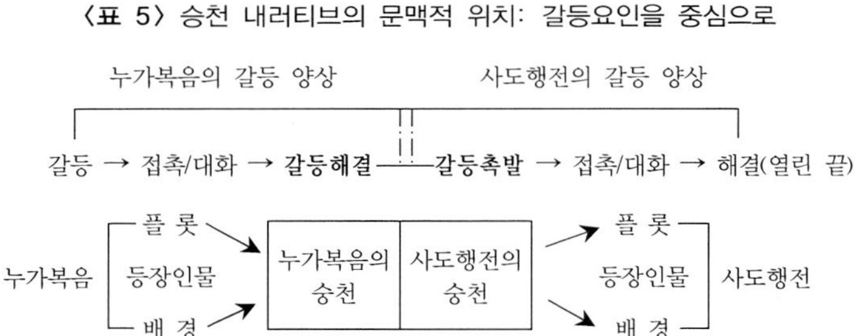

PART V
승천의 관점에서 누가-행전 얼개 읽기

본서의 목적은 누가-행전에 나타난 승천 내러티브와 예수 및 공동체의 이야기가 지닌 본문상의 의미를 탐구한 결과를 토대로 누가-행전의 얼개를 다시 읽어보는 것이었다. 이를 위해 본서는 통합적 읽기가 필요함을 역설하므로 상호텍스트성이라는 해석학적 얼개를 제안하였고, 미시적 살핌의 방법으로 서사 이론의 도구들을 사용하였다. 이러한 방향성을 견지하며 우리는 누가-행전을 최종적 정경 텍스트로 인정하는 동시에, 저자와 텍스트의 상호작용뿐만 아니라 텍스트와 독자의 상호작용을 통한 의미해석에도 주목하였다.

이제 마지막 장에서는 연구의 내용과 결과를 요약하고 본서가 지향해온 방법론적 시도의 의의와 승천 내러티브를 통해 본 누가의 예수와 공동체에 대한 새로운 읽기의 과제와 가능성을 전망하도록 할 것이다.

Ⅰ. 누가-행전 얼개 다시 그리기

　1장에서는 승천 내러티브가 누가-행전 연구에서 크게 주목받지 못했으며, 최근의 관심들도 교리적, 역사비평적 한계에 머물러 있고, 전체적 맥락과의 상호성을 인식하지 못하는 상황임을 분석하였다. 누가-행전 연구가들은 승천이 마지막이면서 동시에 시작임을 설득력 있게 증명하고자 노력하였지만, 문제는 왜 그러한가에 대한 답변을 제시하지 못하였다. 그러므로 승천 내러티브의 중요성을 언급한 대부분의 학자들이 승천 내러티브를 누가-행전 전체의 맥락적 상호성을 온전히 검토하지 못하였음을 밝혔다. 그와 같은 방법론적 한계를 넘어서기 위해서 통합적 관점에서 누가-행전을 읽어야 함을 강조하였다.

　2장은 누가-행전의 승천 개념을 상호텍스트적 읽기를 통해 검토하였다. 의미론적 문장, 동기 분석과 사회적 맥락에 대한 접근을 통하여 누가-행전의 승천 개념이 독특한 방향의 흐름과 연계되고 있음을 규명했다. 특히 승천이 '계승'의 문제와 밀접한 관련을 맺고 있음을 알 수 있었다. 또한 그러한 계승 주제의 강화는 바로 독자의 상호성과도 관련됨을 검토하였다. 그를 통해 내러티브의 서사 세계와 독자의 세계와의 이중적 검토가 텍스트 이해를 위한 필수적인 지식임을 역설하였다.

3장에서는 우선 승천 내러티브의 구조와 의미관련성을 분석하여 참된 계승에 대한 인식이 승천 내러티브와 관련 주제들에 의해 강화되고 있음을 검토하였다. 그와 같은 사실은 누가복음에 나타난 승천 내러티브의 서사 전략들을 통해 확인되었다. 그것은 텍스트의 플롯을 중심으로 누가복음 전체에서 승천 내러티브가 맺고 있는 관계와 그것의 전략에 대한 분석을 통해 이루어졌다. 그러한 분석은 '계승현실'이라는 개념을 통해 수행되었다.

먼저 계승현실을 준비하는 데 있어서 승천 내러티브에 나타나는 주요 모티브들(축복, 귀환, 천사, 하나님의 백성, 성전 그리고 예루살렘 등)이 누가복음서의 초반부에서 등장하여 승천 내러티브와의 긴밀한 상호성을 확인할 수 있었다. 이러한 경향은 복음서의 중반부에서도 계속되었다. 여기에서는 세 개의 주요 플롯 장치들이 승천 내러티브에 와서 해명되는 것으로 나타났다: 반복되는 갈등의 발생, 예언과 성취, 그리고 여행 모티브. 그런데 이러한 플롯 장치들은 승천 내러티브에서의 일정한 해결에도 불구하고, 계승현실의 인식을 위한 틈들을 창조하고 있었다. 갈등 중 경건한 이스라엘 백성들이 창조했던 기대들이 성취되지 않고 남아 있다. 약속과 성취 구조에 들어오지 못하는 많은 약속과 예언들이 있다. 여행의 목적도 아직 완전한 성취를 제공하지 못한다. 이러한 서사 전략을 통해 승천 내러티브가 누가 공동체의 계승현실을 부각시키고 있음이 확인된다.

4장은 3장의 방법과 관점을 유지하며 승천 모티브의 서사적 확장을 다루었다. 2, 3장의 검토에 따르면, 눅 24:50−53과 행 1:9−11의 두 승천 기사는 각각이 고유한 내용을 담지하는 동시에 계승이라는 수렴점을 공유하는 것을 발견할 수 있었다. 먼저, 눅 24:50−53의 승천기사는 시락 전승을 수용하고 축복의 이미지를 부각시킴으로 예수의 지상 사역을 마무리하는 계승현실의 인식을 강조한다. 반면 행 1:9−11의 승천 기사는 승천이 '계승현실'에 대한 몰이해를 넘어 약속의 성취요, 갈등의 극복인 '계승실현'으로 나아가야 함을 지적한다. 이러한 강조는 사도행전의 승천 문맥 속에서도 잘 나타난다.

이를 위해 사도행전의 승천 내러티브가 사도행전의 나머지 부분과 맺는 관계를 분석하여 구체적인 서사 전략들과 지향점들을 분석했다. 여기서는 계승현실에 상응하는 '계승실현'의 개념을 중심으로 텍스트 분석이 시도되었다. 사도행전은 1:8의 프로그램적 진술에서 '땅 끝까지' 이르는 복음의 확산, 즉 계승실현을 밝히고 있다. 이러한 계승실현을 위한 주제로 하나님 나라, 선교, 그리고 가르침이 검토되었다. 이들은 사도행전의 승천 내러티브와 끝의 상호성을 강화시키는 역할을 하고 있었다. 그런데 이를 본격적으로 전개하는 플롯 전략은 예수의 가르침을 거부하는 사람들의 하강(유대인들)과 수용하는 사람들의 상승(새로운 하나님의 백성인 누가 공동체)이라는 두 궤도를 통해 전개되었다. 두 궤도 모두에서 갈등이 나타나지만 전자는 더욱 심화되고 후자는 신속한 해결을 맞이한다.

누가복음의 승천 내러티브는 갈등해결을, 사도행전의 승천 내러티브는 갈등촉발의 모습을 보여준다. 누가는 헬라 세계의 명예와 후원자 체제의 대안으로서 예수의 섬김과 자선을 제시한다. 이에 대한 계승을 명확히 하기 위해 사도행전에서 가시적 승천 이야기를 진술하고 있다. 두 승천 이야기의 차이점은 누가복음의 저술 당시와는 다른 문제들이(계승의 주체인 제자/사도/성도들이 이런 예수의 대안을 바르게 계승하지 못한 상황. 그에 대한 증거들이 바로 계속해서 제기되는 다양한 갈등들이다) 일어나게 되었음을 보여주고 있다. 그를 위해 누가는 사도행전의 승천을 목격하는 제자들이 예수의 가르침을 바르게 이해하지 못하고 있음을 밝힘으로 새로운 서사적 갈등을 촉발시켰던 것이다. 이제 이 문제를 해결하는 모델로서 바로 예수의 중심 행위인 식사가 주요한 공동체 에토스로 지속적으로 강조되었던 것이다.

따라서 보다 중요한 것은 승천 이야기 자체에서 나타나는 '계승' 모티브는 우리가 승천 주제 자체를 밝히는 일도 중요하지만, 바로 그 계승이라는 측면에서 공동체를 향한 누가의 강조점을 밝힐 필요가 있다는 점이다. 이를 위해 본 논문은 승천을 통해 누가-행전을 읽어 나가는 것도 중요하지만 누가-행전의 예수와 공동체의 계승의 현실을 이야기하는 서사 맥락을 통해 승천을 이해할 수 있어야 한다는 의견을 제시하였고 상호텍스트적 읽기를 통해 그 작업을 수행하였다. 이상의 논의를 토대로 누가-행전의 서사적 얼개를 아래와 같이 제안할 수 있다.

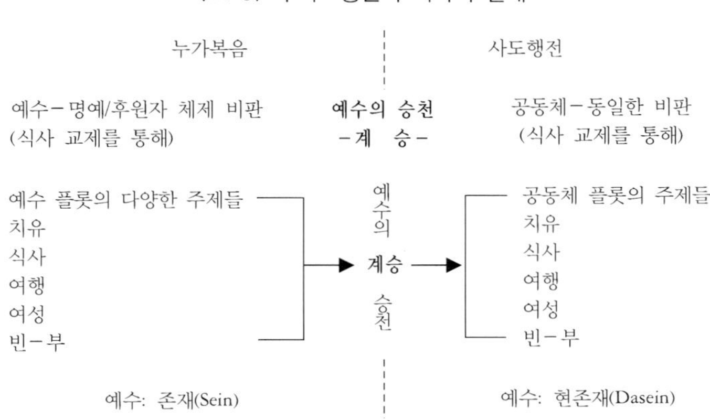

〈표 6〉 누가-행전의 서사적 얼개

이상의 분석을 통해 얻어진 결과를 정리하면 다음과 같다.

(1) 누가-행전을 승천 모티브의 빛에서 볼 때 계승현실-계승실현을 위한 통일적 이야기로 읽을 수 있다.

(2) 누가복음의 승천 내러티브는 갈등해결을, 사도행전의 승천 내러티브는 갈등촉발의 역할을 수행하고 있다.

(3) 승천 내러티브를 전후해 예수와 공동체 묘사가 변화한다. 승천 이전에 예수는 공동체와 이 땅 위에서 존재했다(sein). 승천 이후에 그는 '주'로 공동체의 삶과 사역 속에 현존재(dasein)로 함께한다. 승천 이전에 제자들은 수시로 몰이해에 빠지고 배신하고 나약하다. 그러나 승천 이후에 공동체는 예수 사역을 계승하는 제자, 사도, 성도, 그리고 그리스도인으로 묘사된다.

(4) 승천 내러티브는 기존의 시간 중심의 영광 추구의 신앙을 공간 중심(승천-재림)의 '사이의 신앙'으로 대체함으로 오늘의 삶 속에서 신앙의 책임을 강조한다.

이것이 누가가 승천 이야기를 중심에 두고 누가복음과 사도행전의 매우 정교한 대비적 구조[285]를 통해 예수와 공동체의 이야

---

285) 이를 토대로 우리는 기존의 누가복음과 사도행전 사이의 문학적 대칭들에 대해 새로운 이해를 시도할 수 있을 것이라고 전망한다. 따라서 우리는 누가를 신학자, 역사가, 예술가 등(Bovon, Talbert, Danker, Johnson, Kingsbury을 참조)으로 이해하기보다는 오히려 문학의 신앙비평가로 바라볼 때 더 잘 이해할 수 있을 것이다. 왜냐하면 그는 단지 초대 기독교의 사실을 기록한 것도, 로마에 기독교를 변호한다거나, 혹은 교회에 로마를 변호하기 위해 어떤 정당화를 꾀하는 것이 아니라 참된 생존으로서, 승천 이야기를 통해 분명히 나타나듯, 하나님의 구원 앞에서 공동체 내부와 외부 모두를 비평하고 권면하고 있는 것이다. 이것이 누가의 목회요, 글쓰기요, 신앙이었을 것이다. 크로산의 말대로 예수의 기적 이야기나 현현 이야기들은 대부분 기독교의 기원보다는 기독교 권위(권력)의 기원을 보여준다는 점을 상기할 필요가 있다. J. D. Crossan, *The Historical Jesus: The Life of a Mediterranean Jewish*

기를 전개하는 목적인 것이다. 이러한 누가의 공동체 이상은 공동체 내부(inner circle)와 외부(outsider) 모두에 대한 목회적 권면으로 이해할 수 있음을 제안할 수 있게 된다.

이로써 필자는 누가가 그의 저작들을 쓴 이유가 친(親)로마적이라거나, 로마 제국 내에서 종교적 합법성을 구한다기보다는 이와 같은 '계승현실'과 '계승실현'의 강조를 통해 기독교 공동체의 참 정체성을 제공하려는 목적을 가진 목회적 문서라고 주장하고자 한다. 따라서 본서는 누가가 단일한 공동체보다는 다양한(헬라 도시 속에 위치한) 공동체들을 섬기고, 돌보는 목회자라는 제안을 내어놓고자 한다. 그것이 1세기의 문맥 속에서 믿음의 힘을 바라보았던 누가의 신학인 것이다.

Peasant; 김준우 옮김, 『역사적 예수: 지중해 지역의 한 농부의 생애』(서울: 한국기독교연구소, 2000) 참조. 어떤 관계와 제도, 권력도 하나님의 권능(예수를 통한, 그리고 성령을 통한 구원의 권능)을 바로 계승하고 지켜가지 못하면 생존할 수 없다는 점을 누가-행전의 예수와 공동체의 이야기를 통해 권면하고 있는 것이다. 그 권면의 중심에 승천 모티브를 통한 '계승'의 의미형성 과정이 자리하고 있다.

Ⅱ. 누가-행전 탐구의 전망

상호텍스트성은 본서가 누가-행전(나아가서는 성서와 문화)을 읽는 거시적인 틀이다. 기존의 갈등과 대립으로 상정되던 누가-행전의 플롯은 이 관점에서 '갈등과 대화(소통)'라는 접촉의 사건으로 다시 읽힌다. 이를 위해 동원된 미시적 살핌의 도구는 서사이론(Narratology)이었다.

승천은 이런 과정에서 우리에게 중요한 텍스트로 떠오른다. 우선 합리적 관심만으로 모든 것을 판단하는 우리의 생각에 경종을 울리는 성서시대의 비합리적 우선성—즉 갈등과 대립이 아닌 접촉의 개방성을 있는 그대로 인정하는—을 다시 생각하게 해준다. 바로 잊힌 소통방식의 하나를 일깨워준다. 다시 말해 현대의 이러한 망각은 우리의 삶과 세계를 구성하는 중요한 부분에 대한 망각으로 이어졌음을 상기시킨다. 설명할 수 없는 것에 대한 설명에의 시도가 바로 이러한 비합리적 이야기들이다. 우리는 많은 시간 동안 이것들의 가치를 하찮게 여기며 살아왔다. 신앙도 역시 다르지 않다고 본다. 신앙의 중심에 이에 대한 추구가 결핍될 때 인간의 세계는 하찮아질 수밖에 없다. 신앙이란 비합리적 토대 위에 쌓아올린 인간의 하나님 체험을 통해 드러나야 한다. 물론 이것만을 유일한 것이라 주장하는 만용도 경계해야 하지만, 잃어버린 기억을 찾아서 지금은 돌아설 때인 듯싶다.

또한 승천은 초대 기독교의 그러한 소통과 대화의 방법을 암시적으로 보여주는 텍스트이다. 계승 모티브를 통해 드러난 것처럼, 승천은 예수의 소통과 대화의 방법인 식사 행위를 통한 당대와의 접촉들을 공동체의 계승 주제로 바라볼 때 잘 이해된다. 그런 까닭에 공동체의 식사 이야기 속에 나타난 특성은 기존의 연구들이 주장하듯 갈등으로 치부될 수 없다. 그러한 갈등들은 예수를 통해 보여준 하나님의 구원사에서 보면 단지 국지적인 조건들일 뿐이다. 구원사의 큰 물줄기(大河)에서 보면 그것은 한낱 소용돌이를 통해 흐름 전체를 이해하는 과오에 다름 아니다. 우리가 그러한 소용돌이에 휩싸였을 때 벗어날 길은 대립이 아닌 소통과 대화로 드러나는 신앙과 삶의 본질에서 찾아야 한다. 그런 까닭에 예수의 식사와 공동체의 계승 속에 드러나는 식사 행위들의 중심에서 우리는 소통과 대화라는 생존의 동기를 읽게 되는 것이다.

기존의 입장이 주로 저자−작품 간의 상호성에 초점을 맞추었다면, 이제는 텍스트 자체의, 텍스트와 독자의 상호성을 염두에 두는 성서 읽기가 필요하다. 특히 텍스트와 독자의 상호성은 텍스트의 실제 독자의 사회·문화적 컨텍스트뿐만 아니라, 오늘 경전이요 하나님의 말씀으로 성서를 읽는 이 시대의 독자(신앙인)의 사회·문화적 컨텍스트에 대한 상호성의 추구를 고려해야 할 것으로 생각한다.

이상과 같은 전망을 토대로 우리는 '효자 예수' 읽기의 주요한 얼개를 획득하게 되었다고 본다. 누가의 신학은 '효자 예수'의 사역이 단순히 누가복음의 '계승현실'에 머무는 것이 아니라, 사도행전 신앙공동체의 '계승실현' 과정에까지 영향을 미치고 있음을 강조해야 함을 일깨워 주었다. 따라서 본서에 이어 계속될 과제는, 이상에서 규명된 누가-행전의 얼개를 토대로 '효자 예수' 이야기를 해석해 나가는 작업이 될 것이다.

참고문헌

김경진. 「누가신학의 제자도와 청지기도」. 서울: 솔로몬, 1996.

김득중. 「누가복음 (I), (II)」. 서울: 대한기독교서회, 1993.

______. 「누가의 신학」. 서울: 컨콜디아사, 1991.

김영봉, 오덕호 편. 「누가복음 새로 읽기: 문학적 읽기의 이론과 실제」. 서울: 한들, 2001.

김세윤. 『"그 '사람의 아들'"(人子)－하나님의 아들』. 홍성희·정태엽 옮김. 서울: 도서출판 엠마오, 1992.

김진경 외. 「서울고대사강의」. 서울: 한울아카데미, 1996.

김종갑. "서술이론과 문학연구." 석진경, 전승혜, 김종갑 편 「서술이론과 문학비평」. 서울: 서울대학교출판부, 1999.

김호경. "누가 공동체의 식탁교제." 연세대대학원 박사학위 논문, 2000.

나요섭. 「천국의 서기관 마태」. 서울: 한국장로교출판사, 2001.

문상희. 「사도행전 주석」. 서울: 연세대학교 출판부, 1999.

박수암. "누가의 승천신학." 「목회와 신학」 24. 서울: 장신대출판부, 1994.

서용원. "누가－사도행전에 나타난 성령의 역할 이해." 「영산 조용기 목사 성역 40주년 기념 논총 2」. 서울: 서울말씀사 (1996): 191－216.

______. "사도행전의 베드로와 바울." 「신학논단」 25 (1997): 213－49.

______. "사도행전의 재판보도 연구." 「호서신학」 5 (1998): 197－224.

______. "누가복음의 안식사상과 예수의 희년선포." 「호서신학」 7 (2000): 66－81.

______. 「생존의 복음: 초기 기독교의 신앙과 복음 해석에 대한 탐구」. 서울: 한들출판사, 2000.

양권석. "한국적 성서읽기의 한 방법으로서의 상호텍스트적 성서해석의 가능성." 「선교신학」 제2호 (1998): 66－106.

오덕호. 『문학－역사비평이란 무엇인가?』. 서울: 대한기독교서회, 2000.

유상현. 『사도행전연구』. 서울: 대한기독교서회, 1996.

윤철원. 『신약성서의 그레꼬－로마적 읽기』. 서울: 한들출판사, 2000.

______. 『누가복음 다시 읽기: 내러티브의 구조와 세계』. 서울: 이레서원, 2001.

정양모 역주. 「루가복음서」. 한국천주교회 200주년 신약성서 3. 왜관: 분도출판사, 1991.

정용성. "누가행전에 나타난 가족과 집(II)." 「신약신학저널」 6 (2001): 296－325.

정태현. 『모든 이에게 평화의 복음을－루가복음과 사도행전의 신학적 주제 연구』. 서울: 성서와 함께, 1991.

정태현 역주. 『사도행전』. 한국 천주교회 200주년 신약성서 5. 왜관: 분도출판사, 1995.

차봉희 편저. 『독자반응비평』. 서울: 고려원, 1993.

Abrams, M. H. *A Glossary of Literary Terms*; 「문학용어사전」 최상규 옮김. 서울: 보성출판사, 1991.

Alexander, L. "Luke's Preface in the Context of Greek Preface－Writing." *NovT* 28 (1986): 60－61.

__________. "'In Journeyings Often': Voyaging in the Acts of the Apostles and in Greek Romance." in *Luke's Literary Achievement. Collected Essays*. ed. C. M. Tuckett. JSNTSup 116. Sheffield: Sheffield Academic Press, 1995, 17－49.

Alter, R. *The Art of Biblical Poetry*. New York: Basic Books, Inc., 1985.

Aristotle. *The Poetics*, trans. S. H. Butcher. New York: Hill & Wang, 1986.

Auen, D. E. *The New Testament in Its Literary Environment*. Library of Early Christianity 8. ed. W. A. Meeks. Philadelphia: Westminster Press (1987): 117－119

Bachmann, M. *Jerusalem und der Temple: Die Geographisch －theologischen Elemente in der Lukanischen Sicht des Judischen Kultzentrums*. Stuttgart: Kohlhammer, 1980.

Bailey, K. E. *Poet and Peasant and Through Peasant Eyes: A Literary －Cultural Approach to the Parables in Luke*. Grand Rapids: Eerdmans, 2000.

Baltzer, K. "The Meaning of the Temple in the Lukan Writings." *HTR* 58 (1965): 263－77.

Bann, V. S. and J. E. Bowlt. *Russian Formalism: A Collection of Articles and Texts in Translation*. Edinburgh: Scottish Academic Press, 1973.

Barthes, R. *Le Plasisir Le Texte*; 「텍스트의 즐거움」 김희영 옮김. 서울: 동문선,

1997.

Barton, S. C. *The Spirituality of the Gospel.* SPCK, 1992; 「사복음서의 영성」 김재현 역. 서울: 기독교문서선교회, 1997.

Bar-Efrat, S. *Narrative Art in the Bible.* Decatur. Georgia: Almond Press. 1989.

Batey, R. A. *Jesus & The Forgotten City: New Light on Sepphoris and the Urban World of Jesus.* Grand Rapid, Michigan: Baker Book House Company, 1991.

Best, E. *Following Jesus: Discipleship in the Gospel of Mark.* JSNTSup 4. Sheffield: JSOT Press, 1981.

Black, C. C. *The Disciples according to Mark: Markan Redaction in Current Debate* JSNTSup 69. Sheffield: JSOT Press, 1989.

Blackman, E. C. "The Hellenists of Acts 6.1." *ExpT* 48 (1936-37): 524-525.

Blomberg, C. *Interpreting the Parables.* Illinois: InterVarsity Press, 1990.

Borg. M. J. *Jesus: A New Vision;* 「예수 새로 보기」 김기석 옮김. 천안: 한국신학연구소, 1997.

Bovon, F. *Luke the Theologian, Thirty-Three Years of Research (1950-1983).* trans. Ken McKinney. Pennsylvania: Pickwick Publications, 1987.

Bowman, J. *Samaritanische Probleme.* Stuttgart: Kohlhammer, 1967.

Brodie, T. L. "A New Temple and a New Law: The Unity and Chronicler-based Nature of Luke 1. 1-4. 22a." *JSNT* 5 (1979): 21-45.

__________. "Jesus as the New Elisha." *ExpTim* 92 (1980): 39-41.

Brown, R. E. *The Birth of the Messiah: A Commentary on the Infancy Narratives in Matthew and Luke.* Garden City: Doubleday, 1979.

__________. "Jesus and Elisha." *Perspective* 12 (1971): 85-104.

Bruce, F. F. *The Acts of the Apostles: The Greek Text with Introduction and Commentary.* rev. 3d ed. Grand Rapids: Williams B. Eerdmans Company, 1990.

Bultmann, R. *Die Geschichte der synoptischen Tradition;* 「공관복음전승사」 허혁 역. 서울: 대한기독교서회, 1985.

__________. *Theologie des Neuen Testaments;* 「신약성서신학」 허혁 역. 서울: 성광문화사, 1991.

Cadbury, H. J. *The Making of Luke-Acts.* New York: Macmillan, 1927.

Cassidy, R. J. *Jesus, Politics, and Society: A Study of Luke's Gospel.* Mary Knoll: Orbis Books, 1978; 「예수·정치·사회」 한완상 옮김. 서울: 대한기독

교출판사, 1983.

Chance, J. B. *Jerusalem, The Temple, and the New Age in Luke─Acts*. Macon, Georgia: Mercer University Press, 1988.

Chatman, S. *Story and Discourse: Narrative Structure in Fiction and Film;* 「영화와 소설의 서사구조」 김경수 옮김. 서울: 민음사, 1999.

__________. *The Theology of St Luke*. trans. Geoffrey Buswell. New York: Harper & Row, 1961.

Chider, J. and Gray Hentzi. *The Columbia Dictionary of Modern Literary and Cultural Criticism*. Columbia: Columbia University Press, 1995; 「현대문학·문화비평 용어사전」 황종연 옮김. 서울: 문학동네, 1999.

Conzelmann, H. *The Theology of St. Luke*. New York: Harper & Low, 1961.

Cosgrove, C. H. "The Divine *DEI* in Luke─Acts: Investigations into the Understanding of God's Providence." *NovT* 26 (1984): 168─90.

Crossan, J. D. *The Historical Jesus: The Life of a Mediterranean Jewish Peasant;* 「역사적 예수: 지중해 지역의 한 농부의 생애」 김준우 옮김. 서울: 한국기독교연구소, 2000.

Cullmann, O. *The Christology of the New Testament*. London: SCM Press, 1963; 「신약의 기독론」 김근수 옮김. 서울: 나단, 1988.

Culpepper, R. A. *Anatomy of the Forth Gospel: A Study in Literary Design*. Philadelphia: Fortress Press, 1983; 「요한복음 해부: 서사비평으로 보는 제4복음서」 권종선 옮김. 서울: 요단, 2000.

Dahl, N. A. *Jesus in the Memory of the Early Church*. Minneapolis, Minnesota: Augsburg Publishing House, 1976.

Danker, F. W. *Jesus and the New Age. A Commentary on St. Luke's Gospel*. Philadelphia: Fortress Press, 1988.

Darr, M. A. W. "Jesus' Audiences in the Gospels of St Mark and St Luke." *NTS* 10 (1963/64): 139─49.

Darr, J. A. *On Character Building*. Louisville, Kentucky: Westminster/ John Knox Press, 1992.

Davies, J. G. *He Ascended Into Heaven: A Study in the History of Doctrine*. London: Lutterworth, 1958.

__________. "The Prefigurement of the Ascension in the Third Gospel." *JTS* 6 (1955): 229─233.

Dawsey, J. M. "The Literary Unity of Luke─Acts: Questions of Style─A Task for Literary Critics." *NTS* 35 (1989): 50−52.

Dentith, S. *Bakhtinian Thought: An Introductory Reader.* London and New York: Routledge, 1995.

Dillon, R. J. *From Eye−Witnesses to Ministers of the Word: Tradition and Composition in Luke 24.* Rome: Biblical Institute, 1978.

___________. "Previewing Luke's Project from his Prologue (Luke 1.1−4)." *CBQ* 43 (1981): 205−227.

Douglas, M. *Purity and Danger: An Analysis of Concepts of Pollution and Taboo.* London: Routledge and Kegan Paul, 1966.

Draisma, S. ed. *Intertextuality in Biblical Writings: Essays in Honor of Bas van Iersel.* Kampen: Uitgeversmaatschappi J. H. Kok, 1989.

Dumais, M. 「이천 년대 복음화의 근거와 방향을 제시하는 사도행전」 안병철 역. 서울: 카토릭출판사, 1995.

Dunn, J. *Unity & Diversity in the New Testament: An Inquiry into the Character of Earliest Christianity;* 「신약성서의 통일성과 다양성」 김득중 · 이광훈 공역. 서울: 도서출판 솔로몬, 1988.

Echo, Umberto. *The Role of the Reader: Expolations in the Semiotics of Texts.* Bloomington: Indiana University Press, 1979.

Edwards, O. C. *Luke's Story of Jesus.* Philadelphia: Fortress, 1981; 「누가의 예수 이야기」 오덕호 옮김. 서울: 한국장로교출판사, 1999.

Egger, W. *How to Read the New Testament: An Introduction to Linguistic and Historical−Critical Methodology.* Peabody, Massachusetts: Hendrickson Publisher, Inc., 1996.

Engel, J. M. *L' Empire Romain.* Presses Universitaires de France, 1973; 「로마 제국사」 김치규 옮김. 서울: 한길크세주, 1999.

Enslin, M. S. "Luke and the Samaritans." *HTR* 36 (1943): 278−297.

Esler, P. F. *Community and Gospel in Luke−Acts: The Social and Political Motivation of Lukan Theology.* Cambridge: Cambridge University Press, 1987.

Evans, C. F. "The Central Section of St. Luke's Gospel." in *Studies in the Gospels: Essays in Memory of R. H. Lightfoot.* ed. D. E. Nineham. Oxford: Blackwell, 1955.

___________. "Luke's Use of the Elijah/Elisha Narratives and the Ethic of Election." *JBL* 106 (1987).

Finley, M. I. *The Ancient Economy.* London: Chatto & Windus, 1973.

Fitzmyer, J. A. *The Gospel according to Luke I —IX.* AB 28. (1981). Garden City, New York: Doubleday, 1983.

__________. *The Gospel According to Luke X —XXIX.* AB 28A. Garden City, New York: Doubleday, 1985.

__________. "The Composition of Luke, Chapter 9." in *Perspectives on Luke —Acts.* ed. C. H. Talbert. Edinburgh: T. & T. Clark, 1978.

__________. *To Advance The Gospel: New Testament Studies.* Grand Rapids, Michigan: Eerdmans Publishing Co., 1998.

Flender. *St. Luke: Theologian of Redemptive History.* London: SPCK, 1967.

Franklin, E. *Christ the Lord: A Study in the Purpose and Theology of Luke —Acts.* Philadelphia: Westminster Press, 1975.

Gasque, W. W. *A History of the Criticism of the Acts of the Apostles;* 「使徒行傳 批評史」 권성수·정광욱 공역. 서울: 도서출판 바실래, 1989.

Gray, J. 「열왕기하」 국제성서주석 10. 한국신학연구소 옮김. 천안: 한국신학연구소, 1992.

Gill, D. "Observations on the Lukan Travel Narrative and Some Related Passages." *HTR* 63 (1970): 199 —221.

Genette, G. *Narrative Discourse: An Essay in Method.* trans. Jane E. Lewin. Ithaca: Cornell University Press, 1980.

Gowler, D. B. *Host, Guest, Enemy, and Friend: Portraits of the Pharisees in Luke and Acts.* New York: Peter Lang Publishing, 1991.

Gulley, N. R. "Ascension of Christ." *ABD* I: 472 —74.

Haenchen, E. *The Acts of the Apostle;* 「사도행전」 (I) 국제성서주석 33 —1. 이선희·박경미 공역. 서울: 한국신학연구소, 1987.

__________. *The Acts of the Apostle;* 「사도행전」 (II) 국제성서주석 33 —2. 박경미 옮김. 서울: 한국신학연구소, 1989.

Hanfman, G. M. A. *From Croesus to Constantine: The Cities of Western Asia Minor and Their Arts in Greek and Roman Times.* Ann Arbor: University of Michigan Press, 1975.

Harris, M. J. *From Grave to Glory: Resurrection in the New Testament;* 「신약에 나타난 부활」 서인선 역. 서울: 기독교문서선교회, 1995.

Hendrickx, H. *The Resurrection Narratives of the Synoptic Gospels;* 「예수 부활 이야기」 황종렬 역. 서울: 가톨릭출판사, 1984.

Hengel, M. *Zur urchristlichen Geschichtsschreibung;* 「古代의 歷史記述 사도행전」 전

경연 역. 서울: 한신대학출판부, 1990.

Higgins, A. J. B. *Jesus and the Son of Man.* London. 1964.

Hobbs. T. R. *2 Kings.* WBC 13. Waco, Texas: Word Books, 1985.

Holmgren, F. C. *The Old Testament & the Significance of Jesus: Embracing Change —
Maintaining Christian Identity.* Cambridge, Michigan: Grand Rapids,
1999.

Horsley, R. *Sociology and the Jesus Movement.* New York: Crossroad, 1989.

Hubbard, D. A. *Luke 9: 21 —24: 53.* WBC 35B. Dallas, Texas: Word Book
Publisher (1989): 1229.

Jackson, F. and K Lake. *The Beginning of Christianity.* London. 1933.

Jansen, J. F. "The Ascension, the Church, and Theology." *Today* 16 (1959): 17 —
29.

Jenks, C. *Culture.* Routledge, 1993; 「문화란 무엇인가」 김운용 옮김. 서울: 현
대 미학사, 1996.

Jeremias, J. "Μωυσῆς." *TDNT* IV. 856.

Jervell, J. *Luke and the People of God: A New Look at Luke —Acts.* Minneapolis,
Minnesota: Augsburg Publishing House, 1979.

________. "Retrospect and Prospect in Luke —Acts Interpretation." *Society of
Biblical Literature Seminar Papers* 30. Missoula: Scholars Press (1991).

________. The Theology of the Acts of the Apostles; 「사도행전신학」 윤철원
옮김. 서울: 한들, 2000.

Johnson, L. T. "On Finding the Lukan Community: A Cautious Cautionary
Essay." in *Society of Biblical Literature Seminar Papers* 16. Missoula:
Scholars Press (1979): 87 —100.

____________. *Religious Experience in Earliest Christianity: A Missing Dimension in
New Testament Studies.* Minneapolis: Fortress Press, 1998.

Karris, R. J. *Invitation to Luke: A Commentary on the Gospel of Luke with Complete
Text form the Jerusalem Bible.* Garden City: Image Books, 1977.

Kee, H. C. *Understanding the New Testament;* 「신약성서이해」 서중석 옮김. 천
안: 한국신학연구소, 1990.

Kingsbury, J. D. *Matthew as Story.* Philadelphia: Fortress, 1988.

____________. *Gospel Interpretation: Narrative —Critical & Social —Scientific
Approaches.* Harrisburg. Pennsylvania: Trinity Press International, 1997.

____________. *Conflict in Luke: Jesus, Authorities, Disciples.* Minneapolis:

Fortress Press, 1991.

___________. ed. *Gospel Interpretation: Narrative—Critical & Social—Scientific Approaches*. Harrisburg, Pennsylvania: Trinity Press International, 1997.

Kistemaker, S. J. *Acts*. Grand Rapids, Michigan: Baker Book House, 1990.

Kort, W. *Narrative Elements and Religious Meanings*. Philadelphia: Fortress, 1975.

Kreiswirth, M. "Centers, Opening, and Endings: Some Faulknerian Constants." *American Literature* 56, 1 (1984): 38—50.

Kristeva, J. *The Kristeva Reader*. trans. Toril Moi. New York: Columbia University Press, 1986.

Kuhli, H. "Ναζωραῖος." *EDNT* 2. 454—456.

Kurz, W. S. "Hellenistic Rhetoric in the Christological Proof of Luke—Acts." *CBQ* 42 (1980): 171—195.

Lohfink, G. *Die Himmelfahrt Jesu: Untersuchungen zu den Himmelffahrt und Erhöhungstexten bei Lukas*. Munich: Kösel, 1971.

___________. *Wie Hat Jesus Gemeinde Gewollt?*; 「예수는 어떤 공동체를 원했나?」 정한교 옮김. 왜관: 분도출판사, 1985.

Longenecker, R. N. *The Acts of the Apostle, The Expositor's Bible Commentary*. Grand Rapids: Zondervan Publishing House, 1981.

Lotman, Yuri M. *Universe of the Mind: A Semiotic theory of culture*; 「문화 기호학」 유재천 옮김. 서울: 문예출판사, 1998.

Lüdemann, G. *Early Christianity According to the Traditions in Acts*. trans. John Bowden. Göttingen: Vandenhoeck & Ruprecht, 1989.

MacDonal, W. L. *The Architecture of the Roman Empire*. vol. 2. *An Urban Appraisal*. New Haven: Yale University Press, 1986.

MacDonald, D. R. ed. *Mimesis and Intertextuality in Antiquity and Christianity*. Harrisburg, Pennsylvania: Trinity Press International, 2001.

MacRae, G. "Whom Heaven Must Receive Until the Time: Reflections on the Christology of Acts." *Int* 27 (1973): 160—70.

Maddox, R. "The Function of the Son of Man according to the Synoptic Gospels." *NTS* 15(1968/69): 45—74.

___________. *The Purpose of Luke—Acts*. Edinburgh: T. & T. Clark, 1982.

MaKnight, S. *Interpreting the Synoptic Gospel*, Grand Rapids, Michigan: Baker Book House, 1985.

Malbon, E. S. *Narrative Space and Mythic Meaning in Mark*. San Francisco:

Harper & Row, 1986.

Malina B. J. and J. H. Neyrey. *Social World of Luke—Acts.* ed. H. Neyrey. Peabody, Massachusetts: Hendrickson Publishers, 1991.

___________. *The New Testament: Insights from Cultural Anthropology.* Westminster: John Knox Press, 1993; 「신약의 세계: 문화 인류학적인 통찰」 심상법 옮김. 서울: 솔로몬, 2000.

Marshall, I. H. "The Synoptic Son of Man Sayings in Resent Discussion." *NTS* 12 (1965): 327—351.

___________. 「누가복음」 (1)/(2) 국제성서주석 31—1/2. 강요섭 역. 서울: 한국신학연구소, 1983/1991.

___________. *Luke: Historian and Theologian;* 「누가행전」 이한수 역. 서울: 도서출판 엠마오, 1993.

Miesner, D. A. "The Missionary Journeys Narrative: Pattern and Implications." in *Perspectives on Luke—Acts.* ed. C. H. Talbert. Edinburgh: T. & T. Clark, 1978, 194—214.

Minear, P. S. *Images of the Church in the New Testament.* Philadelphia: The Westminster Press, 1960.

Moessner, D. P. *Lord of the Banquet: The Literary and Theological Significance of the Lukan Travel Narrative.* Philadelphia: Fortress Press, 1989.

___________. "Luke 9.1—50: Luke's Preview of the Journey of the Prophet like Moses of Deuteronomy." *JBL* 102 (1983): 575—605.

Mosley, A. W. "Jesus' Audiences in the Gospels of St Mark and St Luke." *NTS* 10 (1963/64): 139—49.

Moule, C. F. D. "The Christology of Acts." in *Studies in Luke—Acts: Essays Presented in Honor of Paul Schubert.* ed. L. E. Keck and J. S. Martyn. Philadelphia: Fortress Press, 1980, 159—185.

___________. "Once More, Who Were the Hellenists?" *ExpT* 70 (1959): 100—102..

Moxnes, H. *The Economy of the Kingdom.* Minneapolis: Fortress Press, 1988.

___________. "Patron—Client Relationship and the New Community in Luke—Acts." in *Social World of Luke—Acts.* ed. H. Neyrey. Peabody, Massachusetts: Hendrickson Publishers, 1991.

___________. "Honor and Shame." in *The Social Sciences and New Testament Interpretation.* ed. R. L. Rorbaugh. Peabody, Massachusetts: Hendrickson

Publishers, 1996, 19−40.

Meeks, A. W. *The First Urban Christian: The Social World of the Apostle Paul;* 「바울의 목회와 도시사회」 황화자 옮김. 서울: 대한예수교장로회총회출판국, 1992.

Neyrey, J. H. ed. *The Social World of Luke−Acts: Model for Interpretation.* Peabody, Massachusetts: Hendrickson Publishers, 1991.

Ogg, G. "The Central Section of the Gospel according to St. Luke." *NTS* 18 (1971−72): 39−53.

Osborne, R. *Classical Landscape with Figure: The Ancient Greek City and Its Country−side.* Dobbs Ferry. New York: Sheridan Press, 1987.

O'Toole, R. F. *Acts 26: The Christological Climax of Paul's Defense.* Rome: Biblical Institute, 1978.

____________. "Christ's Resurrection in Acts 13, 13−52." *Bib* 60 (1979): 361−72.

____________. "Activity of the Risen Jesus in Luke−Acts." *Bib* 62 (1981): 471−98.

Otto, R. *DAS HEILIGE.* München: C. H. Beck, 1963; 「聖스러움의 意味」 길희성 옮김. 왜관: 분도출판사, 1987.

Owen, H. P. "Stephen's Vision in Acts vii. 55−56." *NTS* 1 (1954).

Palmer, D. W. "The Literary Background of Acts 1.1−14." *NTS* 33 (1987): 427−438.

Parsons, M. C. *The Departure of Jesus in Luke−Acts: The Ascension Narratives in Context.* JSNTSup 21. Sheffield: JSOT Press, 1987.

____________. "Narrative Closure and Openness in the Plot of the Third Gospel: The Sense of an Ending in Luke 24.50−53." in *SBL 1986 Seminar Papers.* ed. Kent Harold Richards. Atlanta: Scholars Press (1986): 201−23.

Pilch, J. J. and Bruce J. Malina. *Handbook of Biblical Social Values;* 「성서 언어의 사회적 의미」 이달 옮김. 서울: 한국장로교출판사, 1998.

Peterson, N. *Literary Criticism for New Testament Critics.* Philadelphia: Fortress. 1978.

Polhill, J. "The Hellenistic Breakthrough: Acts 6−12." *Review and Expositor* 71 (1974): 474−86.

Powell, M. K. *What is Narrative Criticism?* Minneapolis: Fortress Press, 1990;

「서사비평이란 무엇인가?」 이종록 옮김. 서울: 한국장로교출판사, 1993.

__________. *What Are they Saying About Luke?;* 「누가복음 신학」 배용덕 역. 서울: 기독교문서선교회, 1995.

Puskas, C. B. Jr, "The Conclusion of Luke—Acts: An Investigation of the Literary Function and Theological Significance of Acts 28.16—31." Ph.D. dissertation, St. Louis University, 1980.

von Rad, G. 「창세기」 국제성서주석 1. 한국신학연구소 옮김. 서울: 한국신학연구소, 1993.

Reicke, B. "Instruction and Discussion in the Travel Narrative." *SE* I. *TU* 73; Berlin: Akademie, (1959): 206—216.

Resseguie, J. L. "Interpretation of Luke's Central Section Luke 9.51—19.44, since 1856." *StBibTh* 5. (1975): 3—36.

Richard, E. "The Divine Purpose: The Jews and the Gentile Mission (Acts 15)." in *Luke—Acts: New Perspectives from the Society of Biblical Literature Seminar.* ed. C. H. Talbert. New York: Crossroad, 1984.

Rimmon—Kenan, S. *Narrative Fiction: Contemporary Poetics.* London: Methuen, 1983; 「小說의 詩學」 최상규 역. 서울: 문학과 지성사, 1996.

Robinson, V. "The Social Location of the Implied Author of Luke—Acts." in *The Social World of Luke—Acts.* ed. Jerom H. Neyrey. Peabody, Massachusetts: Hendrickson Publishers, 1991.

Robinson W. C. Jr. "The Theological Context for Interpreting Luke's Travel Narrative (9.51ff.)." *JBL* 79 (1960): 20—31.

Rohrbaugh, R. L. *The Social Sciences and New Testament Interpretation.* Peabody, Massachusetts: Hendrickson Publishers, 1996.

__________. "The Pre—Inderstrial City in Luke—Acts." in *The Social World of Luke—Acts.* ed. Jerom H. Neyrey. Peabody, Massachusetts: Hendrickson Publishers, 1991, 125—49.

Rose, M. "Names of God in the Old Testament." *ABD* 4, 1001—1011.

Sahlins, M. D. *Stone Age Economic.* Chicago: Aldine, 1972.

Saldarini, A. J. *Pharisees, Scribes and Sadducees in Palestinian Society.* Delaware: Michael Glazier, Inc., 1999.

Saller, R. P. *Personal Patronage under the Early Empire.* Cambridge: Cambridge University Press, 1982.

Sanders, J. T. "The Parable of the Pounds and Lucan Anti—Semitism." *TS* 42 (1981): 660—668.

Schubert, P. "The Structure and Significance of Luke 24." in *Neutestamentliche Studien fur Rudolf Bultmann*, ed. W. Eltester. Berlin: Topelmann, 1957.

Schweizer, E. *The Good News According to Luke.* trans. D. E. Green. Atlanta: John Knox Press, 1984.

Seim, T. K. *The Double Message: Patterns of Gender in Luke—Acts.* Edinburgh: T. & T. Clark, 1994.

Skinner, J. *Genesis.* ICC 1. Edinburgh: T. & T. Clark, 1980.

Stabaugh, J. E. and D. L. Blach; 「초기 기독교의 사회세계」 윤철원 역. 서울: 한국신학연구소, 2000.

Stanley, D. M. *Jesus in Gethsemene: The Early Church Reflects on the Suffering of Jesus.* New York: Paulist Press, 1980.

van Stempvoort, P. A. "The Interpretation of the Ascension in Luke and Acts." *NTS* 5 (1958—9): 30—42.

Swartley, W. M. *Israel's Scripture Traditions and the Synoptic Gospels: Story Shaping Story.* Massachusetts: Hendrickson Publishers, Inc., 1994.

Talbert, C. H. "Martyrdom and the Luke Social Ethic." in *Political Issues in Luke—Acts.* ed. R. J. Cassidy and P. J. Scharper. Maryknoll: Orbis, 1983.

___________. *Literary Patterns, Theological Themes and the Genre of Luke—Acts.* SBSMS. 20. Missoula, Montana; Scholars Press (1974): 56—64.

___________. *Reading Luke: A Literary and Theological Commentary on the Third Gospel.* New York: Crossroad, 1992.

___________. "Discipleship in Luke—Acts." in *Discipleship in the New Testament.* ed. F. F. Segovia. Philadelphia: Fortress Press, 1985, 62—75.

___________. ed. "Promise and Fulfillment in Lucan Theology." in *Luke—Acts: New Perspectives from the Society of Biblical Literature Seminar.* New York: Crossroad (1948): 91—103.

___________. "The Concept of Immortals in Mediterranean Antiquity." *JBL* 94 (1975): 419—36.

Tannehill, R. C. "Israel in Luke—Acts: A Tragic Story." *JBL* 104 (1985): 69—85.

___________. *The Narrative Unity of Luke—Acts: A Literary Interpretation*, Vols. 1, 2. *The Gospel according to Luke.* Philadelphia: Fortress Press, 1986/1990.

Tate, W. R. *Biblical Interpretation: An Integrated Approach*. Peabody, Massachusetts: Hendrickson, 1991.

Theissen, G. *The Social Setting of Pauline Christianity*. Philadelphia: Fortress Press, 1982.

__________. *Social Reality and the Early Christians: Theology, Ethics, and the World of the New Testament*. Minneapolis: Fortress Press, 1992.

__________. *The Religion of the Earliest Churches: Creating a Symbolic World*. trans. John Bowden. Minneapolis: Fortress Press, 1999.

Thiering, B. "Opening and Closing Narratives in the Gospels and Act." *AbrN*, 4 (1963-64): 50-55.

Tiede, D. L. *Prophecy and History in Luke-Acts*. Philadelphia: Fortress, 1980.

__________. "Acts 1.6-8 and the Theo-Political Claims of Christian Witness." *Word and World* 1 (1981): 41-51.

Trebilco, P. R. *Jewish Communities in Asia Minor*. Cambridge: Cambridge University Press, 1991.

Trites, A. A. "The Prayer Motif in Luke-Acts." in *Perspectives on Luke-Acts*. ed. C. H. Talbert. Edinburgh: T. & T. Clark (1978): 168-86.

Tuckett, C. M. ed. *Luke's Literary Achievement*. JSNTSup 116. Sheffild: Sheffield Academic Press, 1995.

Tyson, J. B. *Images of Judaism in Luke-Acts*. Colombia: University of South Carolina Press, 1991.

__________. "The Jewish Public in Luke-Act." *NTS* 30 (1984): 574-583.

__________. "Conflict as a Literary Theme in the Gospel of Luke." in *New Synoptic Studies: The Cambridge Gospel Conference and Beyond*. ed. William R. Farmer. Macon, Georgia: Mercer University Press, 1983.

__________. *The Death of Jesus in Luke-Acts*. South Carolina: University of South Carolina Press, 1986.

Vermes, G. "The Son of Man' Debate." *JSNT* 1 (1978): 19-32.

Veyne, P. *Bread and Circuses*. London: Penguin Press, 1990.

von Waal, C. "The Temple in the Gospel according to Luke." *Neotestamentica* 7 (1973): 44-59.

Wainwright, A. "Luke and the Restoration of the Kingdom to Israel." *ExpT* 89 (1977): 76-79.

Walker, P. W. L. *Jesus and the Holy City: New Testament Perspectives on Jerusalem*.

Cambridge, Michigan: Wm. B. Erdmans Publishing Co., 1996.

Ward—Perkins, J. B. *Cities of Ancient Greece and Italy: Planning in Classical Antiquity.* New York: Braziller, 1974.

Watson, G. "The Sense of a Beginning." *Sewanee Review* 86 (1978): 539—548.

Weinert, F. D. "The Meaning of the Temple in Luke—Act's." *BTB* 11 (1981): 85—89.

Wenham, J. W. "Synoptic Independence and the Origin of Luke's Travel Narrative." *NTS* 27 (1980—81): 507—15.

Westermann, C. *Genesis* I. Minneapolis: Ausburg Publishing House, 1984.

Willimon, W. H. *Acts: A Bible Commentary for Teaching and Preaching.* Atlanta, Georgia: John Knox Press, 1988.

Wright. N. T. *The Challenge of Jesus: Rediscovering who Jesus was and is.* Downers Grove, Illinois: InterVarsity Press, 1999.

Ziesler, J. A. "The Name of Jesus in the Acts of the Apostles." *JSNT* 4 (1979): 28—41.

Zwiep, A. W. *The Ascension of the Messiah in Lukan Christology.* Leiden: Brill, 1997.

성구 색인

■ 구약성경

■ 신약성경

사도행전(계속)

28:23	140, 141
28:24	161
28:28	141
28:29	161
28:30-31	139, 142
28:31	139, 140, 141, 162

로마서

8:34	58, 59

고린도전서

15:25-27	59

고린도후서

10:5	66, 67
11:20	66, 67
12:2-4	68

에베소서

1:20-21	58
4:8-11	58

디모데전서

2:8	67
3:16	73

히브리서

1:3	59
4:14	59
5:7-10	59
6:20	58
7:27	62, 63
9:28	62, 63
10:13	59
11:5	73, 81
13:15	62, 63

야고보서

2:21	62, 63

베드로전서

2:5	62, 63
2:24	62, 63

베드로후서

1:15	59

요한일서

2:1-2	59

요한계시록

12:5	58

반재광

성서학자. 현재 성산효대학원대학교 신학과 교수로 재직 중이며, 신학과장, 교목실장으로 봉사하고 있다. 호서대학교 신학과(Th.B.)와 동 대학원 졸업(Th.M., Ph.D.) 후 신약성서 분야를 가르치다, 미국 Columbia Theological Seminary 초청으로 방문교수(visiting scholar)로 박사 후 연구를 수료했다. 그 과정 이후 Luther Rice University(M.A.)를 거쳐, 동교에서 겸임교수로 아시안 학생들을 대상으로 신약학 분야를 가르쳤다. 대외적으로는 한국효학회 상임이사, 한국기독교학회, 한국신약학회, 한국복음주의신학회 정회원이다.

주요 저서와 논문으로는 『예수. 승천. 공동체』, 『누가-행전 탐구의 새지평』, 「누가-행전의 승천 내러티브 연구」, 「누가 공동체 연구」, 「초기 기독교 리더십의 형성과 재구성」, 「누가의 여성 이해」 등이 있다. 주된 연구 관심사는 '성경적 효', '한국인의 예수 읽기', '한국적 성서연구방법론', '신약의 공동체사상' 등이다.

누가—행전의
얼개를 읽다

초 판 인 쇄 | 2012년 12월 21일
초 판 발 행 | 2012년 12월 21일

지 은 이 | 반재광
펴 낸 이 | 채종준
펴 낸 곳 | 한국학술정보㈜
주　　　소 | 경기도 파주시 문발동 파주출판문화정보산업단지 513-5
전　　　화 | 031) 908-3181(대표)
팩　　　스 | 031) 908-3189
홈 페 이 지 | http://ebook.kstudy.com
E - m a i l | 출판사업부　publish@kstudy.com
등　　　록 | 제일산-115호(2000. 6. 19)

ISBN　　　978-89-268-4439-7　93230 (Paper Book)
　　　　　978-89-268-4440-3　95230 (e-Book)